스님, 기도는 어떻게 하는 건가요?

수록 사진
ⓒ 하지권 9, 19, 30, 41, 47, 272
ⓒ 장명확 14, 52, 74, 116, 126, 175, 241, 250
ⓒ 문화재청 92, 99, 105, 155, 199, 222, 233, 260, 283, 284, 285, 287, 288, 292, 293, 295,
    296, 298, 299, 300, 301, 305, 306, 307, 308, 312, 313, 314

스님, 기도는 어떻게 하는 건가요?

초판 1쇄 펴냄 2019년 1월 25일
초판 11쇄 펴냄 2024년 1월 10일

지 은 이. 자현
발 행 인. 원명
편 집 인. 각운

대   표. 남배현
본 부 장. 모지희
일 러 스 트. 이신혜

펴 낸 곳. (주)조계종출판사
          서울 종로구 삼봉로 81 두산위브파빌리온 1308호
출 판 등 록. 제2007-000078호(2007.04.27.)
전   화. 02-720-6107   팩   스. 02-733-6708
구 입 문 의. 불교전문서점 향전(www.jbbook.co.kr) 02-2031-2070~1

ⓒ 자현, 2019
ISBN 979-11-5580-116-1 (03220)

치유와 행복, 성취를 부르는 기도

스님, 기도는 어떻게 하는 건가요?

• 자현 지음

조계종
출판사

들어가며

기도하는 삶의 행복과 아름다움

나는 불교 교리나 불교사를 공부하고 가르치는 사람이다. 그러나 사찰에서 만나는 신도 분들 중에 이런 것을 물어보는 분은 소수일 뿐이다. 대신에 신도 분들이 가장 많이 묻는 것 중 하나는 "어떤 기도를 하면 좋으냐?"는 것이다. 인생을 살다 보면 때로는 자녀의 입시나 취업, 때로는 승진이나 매매가 걸린 일을 만나기도 한다. 이런 상황에 마주쳤을 때 어떤 기도가 해법이 될까?

시골 보건소에는 의사가 한 분뿐이다. 때문에 의사는 모든 병을 진료한다. 그러나 이런 치료는 약장수의 만병통치약처럼 완전할 수는 없다. 종합병원에는 다양한 전공의가 포진해 있다. 이는 체계적이고 전문적인 치료가 가능함을 의미한다. 그러나 종합병원은 전문적인 만큼 복잡하다. 다양성이란 더 높은 행복과 더 적합한 조건을 제공하지만, 익숙하지 않으면 자칫 혼란을 초래할 수 있기 때문이다.

어떤 사람이 화살을 맞고 종합병원 외과에 갔다. 그러자 외과 의사는 서둘러 화살의 돌출 부위를 잘라냈다. 그러고는 차트에 사인을 하더니 "내과로 가세요"라고 했다 한다.

재밌자고 하는 우스갯소리지만, 조금만 생각해보면 비슷한 일은 절에서도 흔히 일어난다. 누구는 관음 기도가 좋다 하고 누구는 지장 기도를 하라고 한다. 또 어떤 분은 화엄성중을 찾으라고 하는데, 어떤 이는 그런 문제는

스님, 기도는 어떻게 하는 건가요?

산신 기도가 제격이라고 한다. 해서 스님께 여쭤보면, 스님들도 서로 다른 해법을 제시해주기 일쑤이다. 왜 그럴까? 이것은 불교가 종합병원이기 때문에 존재하는 복잡성으로 인해 생기는 문제이다.

그러면 해법은 없는 것일까? 불교의 모든 기도법을 정리해 메뉴판을 만들면 되지 않을까! 마치 음식점 입구에 메뉴 모형이 전시되어 있는 것처럼, 어떤 기도는 뭐라는 걸 가이드북으로 만들면 되지 않을까? 이렇게 해서 만들어진 것이 바로 이 책이다. 이 책은 '기도의 원리'에서 시작하여 '불보살님에 대한 기도' 그리고 '신중 기도와 다라니 기도'까지 불교와 관련된 모든 기도를 총망라한다. 즉 '한 권으로 읽는 불교 기도의 모든 것'인 셈이다.

형체의 그림자가 따르듯 기도하는 삶 속에는 언제나 가피가 맺히기 마련이다. 물론 이후에 공부까지 이룬다면 금상첨화일 것이다. 이런 점에서 기도하는 삶은 아름답고 복되며 행복하다. 불교를 믿는 모든 분이 자신에게 맞는 인연 있는 기도법을 찾아 부처님의 가피 속에서 언제나 행복하시길. 그리고 그 끝에서 최고의 행복인 진리와 함께하길 기원 드리며, 종립 중앙승가대학교 연구실에서 적어본다.

자현

차례

제2부 불보살께 올리는 기도

제3부 신중 기도와 다라니 기도

부록

제1부

불교의 기도와 원리

불교에서 말하는 기도란?

어려운 길과 쉬운 길

대승불교의 가장 위대한 영웅인 용수龍樹(150년경~250년경)보살은 『십주비바사론十住毘婆沙論』 「이행품易行品」에서 불교의 진리에 도달하는 방법을 '난행도難行道'와 '이행도易行道', 이렇게 두 가지로 구분한다. 난행도란 목적지에 도달하기 위해서 자가용을 운전해 가는 것으로 비유할 수 있다. 자가용을 운전하려면 많은 돈을 들여 차를 마련해야 하고 또 운전도 배워야 한다. 이는 지난하고 어려운 수행을 통해 깨달음에 도달하는 어려운 방법 즉 난행도와 같다. 이에 비해 이행도는 지하철이나 버스를 타는 것과 같다. 대중교통을 이용하면 적은 비용만 있어도, 운전을 배우지 않아도 목적지에 도

달할 수 있다. 이는 쉬운 방법으로 깨달음에 이르는 이행도와 같다.

　　해외여행을 즐기는 요즘 젊은 사람들은 여행 전에 이미 모든 일정과 동선을 파악하고 항공과 숙박까지 최적의 가성비를 뽑아 주도면밀하게 실행에 옮긴다. 하지만 나이가 들면 이런 여행은 힘에 부치게 마련이다. 주말에 홈쇼핑 광고를 보다가 패키지여행을 삼삼오오 신청하는 정도가 일상이 아닌가? 패키지여행은 모든 일정을 여행사와 가이드가 짜주고 여행객은 지시에 따라 사진이나 찍으며 여행을 즐기기만 하면 된다. 이런 자유여행과 패키지여행의 차이가 바로 난행도와 이행도의 차이다.

KTX가 있는데 왜 걸어가는가

중국 북위시대 승려인 담란曇鸞(476~542)은 『무량수경우바제사원생게無量壽經優婆提舍願生偈』 즉 『왕생론주往生論註』에서 '자력문自力門'과 '타력문他力門'을 제시했다. 이는 '스스로 노력해서 얻은 성취'와 '불보살의 자비로운 가피로 얻은 구제' 이 두 가지를 의미한다. 맨바닥에서 시작해 자수성가를 통해 성공할 수도 있다. 하지만 때에 따라서는 『허생전』에서 허생이 한양 최대의 갑부 변씨에게 1만 냥을 차용해 단기간에 거부가 되는 것 같은 경우도 있게 마련이다. 전자를 우리는 "개천에서 용났다"라는 속담으로, 후자를 "소도 비빌 언덕이 있어야 한다"라는 속담으로 치환하기도 한다.

험난한 삶의 파고를 지날 때 누군들 비빌 언덕이 있으면 편하다는 것을 모르겠는가? 다만 비빌 언덕이 없어서 고뇌할 뿐이다. 하지만 한 번 더 생각하면 누구나 마음을 열어 믿고 따르면 든든한 의지처가 되어주는 불보살이 계시다. 불보살이라는 KTX가 있는데, 우리는 미망에 휩싸인 채 삶의 무게에 지쳐 먼 길을 하염없이 걸어간다. 이제 KTX를 타고 기차 위에 삶의 무게를 내려놓자. 그래도 기차는 무겁다고 하지 않으며, 걷는 것과 비교할 수 없는 빠른 속도로 우리를 목적지에 데려다줄 것이다.

불보살의 서원에 편승하는 티켓

그리스인이었던 밀린다왕은 『밀린다왕문경Milinda-pañha』에서 "불교는 원인과 결과에 따른 톱니바퀴 같은 합리성을 말하면서, 왜 한편으로는 불보살의 구원과 가피를 믿으라고 하는지" 묻는다. 이때 나가세나 존자는 "배는 물에 가라앉는 바위를 띄우듯, 불보살께 의지하는 서원의 배는 모든 힘없고 지친 중생을 띄울 수 있기 때문이다"라고 말한다. 거대한 항공모함이 수백 척의 전투기를 싣고서 거친 바다를 항해하듯, 중생을 향한 불보살의 위대한 서원력은 모든 원하는 중생들을 태워서 고통과 액난의 바다를 건너는 것이다.

불교에는 '반야용선般若龍船'이라는 말이 있다. 이는 '진리라는 용머리 장식을 단 배'라는 뜻이다. 예전에는 최고로 좋은 배

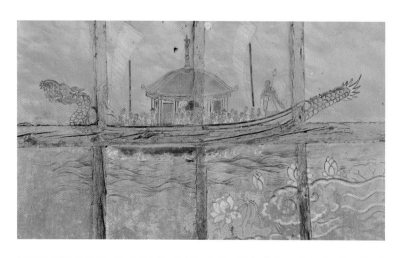

통도사 〈반야용선도〉. 큰 배일수록 파도를 이기는 힘이 세다. 그래서 큰 배는 파도에 요동치지 않고 언제나 잔잔히 목적지를 향해 전진한다. 불보살이 운전하는 서원의 배 역시 이와 같다.

의 뱃머리에는 용머리 장식을 달았다. 말 그대로 용선龍船인 것이다. 그러므로 반야용선이란 진리에 입각한 최고의 배라는 의미이다. 과거 사람들이 생각했던, 절대로 좌초되지 않을 거대한 항공모함쯤으로 이해하면 되겠다. 큰 배일수록 파도를 이기는 힘이 세다. 그래서 큰 배는 파도에 요동치지 않고 언제나 잔잔히 목적지를 향해 전진한다. 불보살이 운전하는 서원의 배 역시 이와 같다.

불보살들은 '누구나 믿고 따르면 구원하겠다'는 크나큰 서원을 발하고 수행하여 불보살이 되신 분들이다. 그러므로 이분들께 의지하면 험난한 파도 속에 있더라도 마치 크루즈를 탄 것처럼 안전하고 편안하다. 그리고 마침내 우리는 깨달음이라는 목적지에 도달하게 된다. 하지만 불보살들이 운전하는 서원의 배를 타기 위해서는 티켓이 있어야만 한다. 그것은 '간절한 기도'라는 티켓이다. 『화엄경華嚴經』에서는 다음과 같이 말한다.

믿음은 진리의 근원이며 공덕의 산출자이니　　信爲道源功德母

일체의 모든 올바른 진리를 자라나게 한다네　　長養一切諸善法

의심의 그물을 끊고 애착에서 벗어나게 하나니　　斷除疑網出愛流

깨달음의 위없는 진리, 활짝 열어 보인다네　　開示涅槃無上道

　　『율장律藏』의 「전도선언傳道宣言」에서 부처님께서는 "처음도 좋고 중간도 좋고 끝도 좋아야 한다"라고 말씀하신다. 기도를 통해 견고한 믿음을 성취하면 불보살이 모는 서원의 배에 탑승하게 되어 삶에서 일어나는 모든 어려움이 사라지고, 사후에는 천상의 즐거움을 누리게 된다. 더 나아가 반드시 진리의 완성인 깨달음에 도달하게 된다.

기도의 마음가짐

왜 보물섬에서 빈손으로 나오는가

의상대사가 스승인 지엄스님에게 제출한 졸업논문인 『법성게法性偈』에는 "우보익생만허공雨寶益生滿虛空 중생수기득이익衆生受器得利益"이라는 구절이 있다. "하늘에서 보석이 폭우처럼 쏟아져도 중생들은 각자가 가진 그릇의 크기에 따른 이익만을 얻을 뿐"이라는 말이다. 보석 비는 온 세계에 두루 가득하고 평등하게 내린다. 하지만 담는 양은 각자가 가진 그릇의 크기에 따라 달라진다. 밥공기에는 밥공기만큼, 대접에는 대접만큼 담길 뿐이지 않겠는가!

물론 크다고만 해서 능사는 아니다. 접시처럼 생겼다면 많이 담을 수 없기 때문이다. 즉 관건은 크고 오목해야 한다. 그렇지만 대야가 있더라도 그것이 뒤집어져 있다면, 단 한 개의 보석도 담을 수 없다. 이것은 곧 이런 차이가 보석 비의 문제가 아니라 이를 받는 그릇의 문제임을 말해준다.

부처님 역시 가피라는 보석 비를 중생들에게 두루 가득하게 내려주신다. 하지만 간절한 믿음의 기도와 공경하는 정성이 없으면 영험함을 맺지 못한다. 그러므로 부처님을 믿고 따르는 마음이 없다면, 유리가 물을 빨아들이지 않고 흘려 보내는 것처럼 우리 삶을 가피라는 보석 비로 적실 수 없을 것이다.

깨끗하게 손질한 부드러운 천에는 고운 물이 쉽게 들지만, 비닐에는 아무리 애를 써도 물이 들지 않는다. 그러므로 부처님의 가피를 입기 위해서는 우리 스스로를 간절한 기도와 염원으로 깨끗한 천처럼 손질하는 정제된 노력이 필요하다.

부처님께서는 『비유경譬喩經』에서 주인 없는 보물섬에 들어갔을 때 가장 어리석은 사람은 아이쇼핑을 하듯 빈손으로 나오는 사람이라고 하셨다. 호주머니에 넣어도 좋고 옷으로 싸도 좋다. 정 어려우면 두 손에 쥐고 나오려는 노력이라도 해야 한다. 감나무 밑에 누워서 감이 떨어지기를 기다리는 나태함으로는 삶의 장애를 해결할 수 없다. "우는 아이 젖 준다"는 속담이 있듯, 문제를 해결하려는 간절한 실천 즉 노력이 필요하다. 이런 간절함의 꽃이 바로 기도다. 모든 기도를 한 글자로 축약하면 '간절할 절切' 자 하나면 충분하다. 기도의 핵심은 오직 이 간절함뿐이다.

부처님께 다가서려는 주체적인 노력

『관동별곡關東別曲』 등의 시가로 유명한 송강 정철은 술을 무척 좋아하는 소문난 주당으로, 이것이 문제가 되어 탄핵을 받기도 했다. 선조는 이런 정철이 염려되어 은으로 된 술잔 하나를 하사하며, 하루에 이 은잔으로 딱 석 잔만 마시라고 명했다. 하지만 석 잔만으로는 술이 너무나 부족했던 정철은 대장장이에게 은잔을 두드려 넓게 펴게 시켰다. 재질이 은이다 보니 얇게 펴는 게 가능했던 것이다. 임금의 명령을 어길 수도 없고, 그렇다고 탐닉하던 술을 안 마실 수도 없었던 정철의 '웃픈' 이야기가 아닐 수 없다.

　　힘든 일이 닥쳤다고 한탄하는 이들은 과연 문제를 해결하기 위해 정철과 같은 주체적이고 능동적인 해결 노력을 하고 있는가? 이런 노력이라도 해야 보다 많은 술을 마실 수 있지 않은가?

　　부처님의 영험한 가피를 말하기 전에 우리는 과연 부처님께 다가가려는 주체적이고 간절한 노력을 하고 있는지 생각해보아야 한다. 기도를 이루기 위해서는 『예불문』에 나오는 공통된 시작인 "지심귀명례" 즉 "지극한 마음으로 목숨을 다해 예를 올린다"는 그 절실함이 필요하다. 하늘은 스스로 돕는 자를 돕는다고 했듯이, 부처님 역시 바라고 구하는 기도 소리의 간절함에 감응하시기 때문이다.

기도를 이루기 위해서는 『예불문』에 나오는 공통된 시작인 "지심귀명례" 즉 "지극한
마음으로 목숨을 다해 예를 올린다"는 절실함이 필요하다.

작은 정성이 기도의 성취를 만든다

사찰의 불보살님 앞에는 으레 복전함이 놓여 있다. 복전함의 복전이란 '복福의 밭[田]'이란 뜻으로, 밭에 작물을 심으면 후에 많은 소출이 돌아오는 것처럼 부처님이야말로 최상의 복밭이라는 의미다. 『삼국유사三國遺事』를 보면, 점개 스님이 "하나를 보시하면 만 배를 얻는다"라고 말한 부분이 있는데, 복전함은 바로 이런 의미이다.

사찰의 복전함 안에는 불보살의 가피를 염원하며 넣은 많은 지폐들이 있다. 그 지폐들 가운데는 찢어지거나 구겨지거나 더럽혀진 것들도 있다. 하지만 때론 빳빳하고 깨끗한 신권도 있다. 같은 지폐라 하더라도 누군가는 부처님께 정성을 표하기 위해 신권을 준비해 와 넣은 것이다. 이런 작지만 큰 정성이 부처님의 가피를 얻고 기도를 성취하는 원인이 된다.

내가 아는 분 가운데는 매년 정초에 1년 동안 사찰의 복전함에 넣을 신권을 따로 나누고, 이를 사찰용 천 지갑에 넣어 보관했다가 절에 갈 때마다 사용하는 분이 있다. 이런 행동은 누구나 조금만 정성을 기울이면 할 수 있는 일이다. 그럼에도 이와 같은 정성 어린 작은 습관이 인생을 바꾸고 삶을 안락하게 만든다는 측면은 쉽게 간과되는 것 같다.

사시 기도 때 부처님께 올리는 밥을 '마지摩旨'라고 한다. 마지란 손으로 만져서〔摩〕 지은 밥〔旨〕이라는 의미다. 예전에는 부처님께 올리는 밥에는 돌이나 뉘가 있거나, 또 깨진 쌀이 섞여서도 안 되었다. 그래서 모든 쌀을 일일이 손으로 골라 밥을 지었는데, 이런 정성이 깃든 밥을 마지라고 하는 것이다.

정성스러움이 빠지면 종교는 삶의 의미가 될 수 없다. 그리고 기도의 성취는 불가능하다. 기도를 완성하는 두 날개는 '간절함'과 '정성스러움'이기 때문이다.

기도의 원리와 가피

사막에는 오아시스가 필요하다

서산대사의 『무상게無常偈』에는 『법화경』에 나오는 "내세득작불來世得作佛"이라는 말이 인용되어 있다. 내세득작불이란 다가올 미래생에는 반드시 부처가 되리라는 의미이다. 물론 이것도 좋다. 하지만 더 좋은 것은 선불교에서 말하는 "지금 이 자리에서 본래의 마음을 보아 부처가 되는 견성성불見性成佛"이나, 밀교에서 말하는 "즉신성불卽身成佛, 즉 이 몸으로 부처님이 되는 것"이 아닐까?

복권으로 친다면 다음 생에 당첨되는 복권보다 다음 주에 당첨되는 복권이, 그리고 다음 주에 당첨되는 복권보다 현장에서 당첨되는 즉석복권이 더 좋다는 말이다. 기도와 가피 역시 그렇지 않을까? 요원한 것보다는 가까운 것이, 그리고 가까운 것보다는 지금 드러나는 것이야말로 가장 좋다.

『장자莊子』에는 지금 당장 말라 죽어가는 물고기에게 바닷물을 끌어와 주겠다는 사람의 이야기가 나온다. 그러자 물고기는 죽음이 임박한 상황에서는 큰 바닷물보다 한 바가지 물이 더 소중하다는 말을 한다. 우리네 삶도 이와 비슷하다. 한 바가지 물은 그 양에 있어 드넓은 바다에 비할 바가 아니다. 하지만 현실에서 필요한 것은 바다가 아니라 한 바가지 또는 한 모금의 물인 경우가 더 많다. 즉 사막에는 바다나 강이 필요한 게 아니라 오아시스면 충분하다는 말이다. 이런 점에서 우리에게는 깨달음도 중요하지만, 현실적인 당면 과제를 해결해줄 수 있는 '인스턴트 복' 역시 절실하다. 당면한 문제를 해결할 수 있는 가장 빠른 가피는 가뭄 같은 삶에 내리는 단비이기 때문이다.

복 있는 분 곁에 머물기

도올 김용옥 선생은 특정 지식을 가장 빠르게 습득할 수 있는 방법은 책을 읽는 게 아니라 전문가에게 일대일로 듣는 것이라고 했다. 이것은 스포츠나 어학을 배울 때도 그대로 적용된다. 복을 받는 것도 그렇다. 내가 직접 짓는 것도 한 방법이지만, 복이 많은 분 옆에 있는 것이 훨씬 쉽고 빠른 방법이다. 쇠가 자석에 붙어 있으면 자성이 생기는 것과 같이 복도 옮겨오는 성질이 있기 때문이다. 부처님께서 "향 싼 종이에서는 향내가 나고, 생선 엮은 새끼줄에서는 비린내가 난다"라고 하신 말씀이 바로 이것이다. 근묵자흑近墨者黑, 먹을 가까이 하면 검어진다는 것도 같은 의미가 아니겠는가.

부처님은 최고의 금수저인 왕자로 태어나셨다. 이후 출가하셔서는 인도 최대 국가 국왕들의 존경을 한몸에 받았고, 돌아가신 뒤에는 부처님의 사리를 서로 모시기 위해 전쟁 직전까지 가기도 했다. 또 당대에는 제자가 최소 1만 명이 넘었고, 신도들이 수십만에 이르렀다. 그리고 열반 뒤에도 오늘날까지 전 세계에서 음식공양이 끝없이 올라오는 유일한 성인이다. 이는 부처님의 복이 한량없기 때문이다.

이런 부처님을 가까이 모시고 예경하는 것은 장미꽃이 만발한 정원에 들어가 그 향에 젖는 것처럼 복이 증장하는 효과가 있다. 등나무라 하더라도 곧은 대나무 옆에 있으면 천 길을 솟아오를 수 있고, 벼룩도 천리마에 붙으면 천리를 갈 수 있는 것처럼 말이다. 여기에 간절한 믿음과 기도로써 구하면 가피까지 내려주시니, 이 얼마나 영광된 행복이란 말인가! 이런 점에서 본다면, 예불과 기도는 힘든 자에게는 피난처가 되고 지친 이에게는 안락한 리조트가 된다고 하겠다.

기도는 라디오 주파수를 맞추는 일

기도를 통해서 가피를 얻는 것은 텔레비전이나 라디오의 전파를 맞추는 일과 같다. 대기 중에는 텔레비전이나 라디오 전파가 가득하다. 부처님께서 우리를 어여삐 여기사, 가피를 내려주고자 하시는 것도 이와 같다. 하지만 텔레비전이나 라디오가 없다면 제아무리 방송국에서 전파를 내보내도 이를 받아들일 방법이 없다. 그러므로 우리는 부처님에 대한 믿음이라는 각자의 장비를 갖추어야만 한다. 물론 텔레비전이나 라디오 같은 장비를 갖춘다고 해서 곧바로 문제가 해결되는 것은 아니다. 여기에는 다시 전원을 켜고 부처님과 채널을 맞추려는 노력이 필요하다. 이와 같은 노력이 바로 기도이다.

기도를 통해서 부처님께 채널을 맞추면, 삶 속에 부처님의 가피영험이 나타나게 된다. 마치 돋보기로 햇빛을 잘 모으면 종이가 타는 것처럼 말이다. 이런 가피를 지속적으로 받기 위해서는 꾸준한 기도정진의 노력이 필요하다. 돋보기로 종이를 태울 때 조금만 부주의하면 타다가도 곧 멈추는 것처럼, 기도도 꾸준히 생활화할 때만이 안정적인 가피를 통해 행복한 삶을 이룰 수 있기 때문이다.

기도의 완성은 가피가 아니라 인생의 행복에 있다. 그러므로 꾸준히 노력해서 부처님을 닮아가려고 하면, 어려움은 사라지고 점점 더 행복은 충만하게 된다. 부처님께서는 불교를 믿으면 "이미 생긴 불행은 줄어들고 아직 생기지 않은 행복은 시작되며, 이미 생긴 좋음은 증장하고 아직 생기지 않은 나쁨은 사라진다"고 하셨다. 그러므로 부지런히 노력하다 보면 부처님 같은 복과 위신력을 갖추게 되고 최종적으로는 깨달음을 완성해 영원한 행복 속에 존재하게 될 것이다.

발원하는 방법과 집중하기

기도는 뚜렷한 목적이 있어야 한다

요즘은 텔레비전에서 미스코리아 선발대회 중계를 하지 않지만, 예전에는 이게 제법 볼 만한 프로그램이었다. 당시 최종 경선에 남은 두 명의 참가자에게 사회자는 짓궂게도 "누가 진이 되면 좋겠느냐?"는 질문을 하곤 했다. 이때 대개의 대답은 "옆의 언니"였던 것으로 기억한다. 하지만 이것은 누가 봐도 거짓말이다. 수능만점자가 교과서 위주로 공부했다는 것처럼, 아무도 믿지 않지만 언제나 되풀이되는 그런 정도의 거짓말인 셈이다.

　기도에는 절대 이런 식의 체면치레 거짓말이 통하지 않는다. 내가 바라고 구하는 것이 내면에서 명료해야만 기도는 성취되기 때문이다. '기도만 하고 있으면 부처님께서 알아서 해주시겠지'라고 생각하는 것은 위험하다. 부처님께 간절한 기도로 매달리는 신도가 하루에도 수천만 명에 달한다. 안일한 태도를 보이는 것은 급하지 않다는 신호로 이해될 수 있다는 점을 꼭 기억해야 한다.

취업 면접을 볼 때면 면접관이 "우리 회사에 취직하면 무슨 일을 해보고 싶은가?"라고 묻는다. 이때 "주어진 일을 열심히 해보겠습니다"라고 대답하면 어떨까? 매력적이고 인상적인 사람으로 비쳐 면접 점수를 잘 받을 수 있을까? 아니다. 설령 다소 부정확한 면이 있을지라도 명확한 목적의식을 가지고 당당히 자신의 생각과 포부를 피력하는 것이 더 강하게 어필하지 않겠는가?

기도는 내면을 정리하는 수행과는 다르다. 그것보다는 뚜렷한 목적을 가지고 부처님께 자신의 일을 부탁하고 이루어지게 해주십사고 하는 간절한 요청이다. 그렇기에 기도의 목적이 불투명하면 안 된다. 무슨 일이 언제까지 어떻게 이루어졌으면 한다는 정확하고 분명한 목적이 있어야 한다. 그러면 집중은 저절로 따라오게 된다. 뚜렷한 목적이 생기면 그것을 얻기 위해 집중하는 것은 당연하기 때문이다.

이루어질 만한 소원을 기도하라

미스코리아 진이 된 사람에게 소원을 물어보면, 가장 흔한 대답이

스님, 기도는 어떻게 하는 건가요?

기도의 목적이 불투명하면 안 된다. 무슨 일이 언제까지 어떻게 이루어졌으면 한다는
정확하고 분명한 목적이 있어야 한다.

"세계 평화를 위해서 노력하겠다"는 것이다. 그런데 따지고 보면, 미스코리아가 세계 평화를 위해서 할 수 있는 일이 과연 몇 가지나 있겠는가? 또 미스코리아 진이 된 사람은 자신이 그렇게 행동할 수 있다고 실제로 믿는 것일까?

예전에 반공교육을 심하게 할 때는 〈우리의 소원은 통일〉이라는 노래를 전 국민이 부르고 다녔지만, 아직도 통일은 쉽지 않은 상황이다. 국민의 염원만으로 통일이 이루어진다면 모르겠지만, 한반도의 통일은 미ㆍ중ㆍ러ㆍ일이라는 주변 강대국들의 이해관계가 복잡하게 얽혀 있기 때문에 우리의 염원만으로 이루어질 수 있는 성질의 것이 아니다. 즉 이런 소원은 상징적일 수는 있지만 현실적인 소원은 아니라는 말이다.

기도를 할 때도 이런 상징적인 소원을 가지고 하는 분들이 있다. 예컨대 가족건강이나 만사형통 또는 재수대통과 같은 식이다. 그러나 이런 경우는 목적이 뚜렷하지 않기 때문에 가피가 작동하기 어렵다. 마치 식당에서 "뭐 먹을래?"라는 질문을 받으면 "맛있는 거"라고 답하는 정도라고나 할까? 물론 이게 틀린 답은 아니지만, 참으로 처리해주기 애매한 경우임에는 틀림이 없다. 그러므로 소원은 구체적이고 짧은 것이 좋다. 예컨대 교사임용고시 합격이 소원이라면, '12월 홍길동 임용고시 합격'이라고 하는 것이다. 이런 식으로 소원을 머릿속에 세 번 이상 반복해서 떠올려 각인시키며 부처님께 소원을 올린다는 상상을 해야 한다.

요즘은 사찰에서 보기 어렵지만 조선 후기까지 큰 절에서는 '소원통'이라고 해서 부처님 앞 불단에 소원지를 적어 넣는 일종의 함이 있었다. 즉 부처님께 나의 소원을 보아주십사 하고 넣는 것이다. 기도할 때 소원을 생각하는 것도 이와 비슷하다고 생각하면 된다. 소원을 짧게 반복적으로 생각하며, 부처님께서 받아들이는 상상을 하면 되는 것이다.

고급 레스토랑에는 주방장 특선 요리라는 것이 있지만, 부처님께 주방장 특선을 요구할 수는 없다. 그러므로 내가 뭘 원하는지 분명하고 구체적으로 제시하는 것이 중요하다. 마치 레스토랑에서 "고기는 작게 잘라 웰던well done으로 해주시고요, 스프는 야채스프로 그리고 샐러드에는 간장소스를 뿌려주세요"라고 말하는 것처럼 말이다. 부처님께 가피를 구하는 이는 많다. 그렇기 때문에 명료하지 않은 불투명한 요청은 자칫 순번이 밀리게 될 수도 있다.

가족이나 친구에게 도움을 청할 때도, "나 좀 도와줘"보다 "어떤 일 좀 어떻게 도와줘"라고 구체적으로 부탁하는 것이 도움을 받기에 더 유리하다. 즉 기도를 통해 소원을 이루기 위해서는 최소한의 조건을 갖춰야 하며, 되도록이면 구체적이고 반복적으로 요구해야 한다.

기도할 때는 꼭 향을 피워야 할까?

요즘 사찰에서는 향을 피우지 못하도록 하는 법당이 점차 늘어나는 추세다. 하지만 향은 『삼국유사』를 보면, "신성한 삼보와 통하는 매개물"이라고 기록되어 있다. 즉 향은 부처님께 소원을 전하는 기도의 메신저라고 이해하면 된다. 그러므로 향을 사용하지 않고 기도를 올리면 기도의 가피가 반감될 수 있다.

향은 본래 고대 이집트에서 신에게 기도하는 문화에서 기원하여, 페르시아와 인도를 거쳐 불교를 타고 동아시아로 유입된 외래문화다. 『삼국유사』「아도기라阿道基羅」는 이를 잘 나타내준다. 이에 따르면, 신라 왕실이 당시 중국 남조에서 신라로 전해진 향의 용도를 알지 못하여 혼란스러워 하는 내용이 기록되어 있기 때문이다.

향이 신성한 삼보와 통한다는 의미는 동아시아 문화에도 널리 수용된다. 이로 인해 유교식 제사에서도 첫 번째 의식으로 분향을 하고 있다. 즉 종교를 넘어 향은 신성함과 통하는 매개체로서 폭넓게 받아들여진 것이다.

중국 사찰에 가면 흔히 향을 다발로 피우거나 팔뚝만 한 향을 피우는 것을 볼 수 있다. 이 때문에 사찰 경내에는 향 연기가 자욱하게 가라앉아 있기도 하다. 이렇게 하는 이유는 향 연기에 소망하고 바라는 것이 실려서 불보살께 전달된다고 믿기 때문이다. 따라서 기도에 있어서 향은 생략하기 어려운 물건이다.

또 중국에서는 이마에 향을 대고 기원하는 사람들의 모습이 곧잘 눈에 띄는데, 이 또한 향에 자신의 기원을 실어서 부처님께 전달하기 위함이다. 이런 점에서 본다면, 우리는 가피를 입으려는 마음자세가 중국 불교도들에 비해 조금 부족한 것이 아닐까 하는 생각도 든다.

이에 비해 초는 밝힘의 역할만을 할 뿐 종교적으로 특별한 상징적인 의미는 없다. 따라서 전기 사용이 자유로운 요즘에는 전등으로 대체해도 무방하며, 또 파라핀과 같이 연소율이 높아 그을음이 적은 등을 사용하는 것도 괜찮다.

염불 및 관불과 칭명염불

칭명염불 전통을 확립한 담란과 정토종

한국불교에서 기도의 가장 큰 부분을 차지하는 핵심은 정근精勤 즉 염불念佛이다. 사시 기도나 철야기도도 하지만, 기도의 횟수는 '3분 정근'이나 '4분 정근'처럼 정근과 관련해서 이해되곤 한다. 실제로 낮이나 저녁예불 끝에 하는 기도는 정근이 기도 시간의 대부분을 차지할 정도다.

정근은 염불을 말하는데, 더 정확히는 칭명염불이라고 한다. 염불의 본래 의미는 부처님을 생각하는 것이다. 그러므로 현재 우리가 하는 것처럼 불보살의 명호를 소리 내어 반복해 암송하는 것과는 차이가 있다. 구국의 영웅으로서 이순신을 생각해보자. 우리는 이순신을 머릿속에 떠올리기는 하지만, 이순신의 이름을 반복해 부르지는 않는다. 그렇다면 왜 관세음보살 기도 때는 '관세음보살'이라는 명호를 반복해 부르는 정근을 하는 것일까?

그것은 중국 북위의 승려이자 정토종의 기반을 확립한 담란이 염불의 한 방법으로 칭명稱名, 즉 불보살의 명호를 반복해 부르는 방법을 제창했기 때문이다. 이를 칭명염불이라 하는데, 단순히 생각하는 것보다는 이름을 부르면서 떠올리는 것이 생각을 견고히 하기 때문이다. 이후 이러한 전통이 제자인 도작道綽(562~645)과 선도善導(613~681)를 거치면서 정토종을 중심으로 일반화되기에 이른다. 즉 칭명염불이란 염불의 한 방법이며 정토종을 통해 동아시아의 주된 기도법으로 자리 잡게 되는 것이다.

부처님을 생각하는 관불

염불이 부처님을 염상念想, 즉 '생각하는 것'이라는 점에서 '관불觀佛'이라는 표현도 가능하다. 관불은 서북인도 즉 오늘날의 파키스탄과 아프가니스탄을 아우르는 무더운 지역에서 발원했다. 관불은 고요히 눈을 감고 부처님을 떠올리며 관상하는 것을 말한다. 실제로 관불을 머릿속의 상상만으로 하는 경우도 있지만, 경전의 세밀한 묘사를 통해서 이미지 상상에 도움을 받는 경우도 있다. 이런 식으로 사용되는 경전으로는 『아미타경阿彌陀經』, 『무량수경無量壽

經』과 더불어 정토삼부경淨土三部經으로 알려진 『관무량수경觀無量壽經』이 있다. 이외에도 관불의 방법으로는 그림을 그려서 벽에 붙여놓고 한참동안 바라보다가 머릿속으로 옮겨 관상하는 방법이 있다. 이때 머릿속의 영상이 희미해지면 다시 눈을 뜨고 벽의 그림을 보는 방식을 반복한다.

　　이런 방법을 반복하여 눈을 감고 있어도 부처님의 영상이 뚜렷해지면, 집중도에 따라서 점차 빛이 나타나 밝아지는 삼매 이적이 발생한다. 이런 상태에 이른 이후 계속 집중하면 온 세계가 부처님의 빛으로 뒤덮여 평온하고 안온한 행복에 잠기게 된다. 이것을 관불삼매觀佛三昧 즉 반주삼매般舟三昧라고 한다.

　　염불의 의미에 관불의 형태도 존재한다는 점에서, 칭명염불을 한다고 하더라도 부처님을 염상하는 자세가 필요함을 알 수 있다. 즉 '염불 = 칭명염불'이 아니라는 점을 분명히 인지하고, 칭명염불과 관불이 아울러 이루어질 수 있도록 노력해야 한다.

염불을 통한 염불삼매의 성취

칭명염불로 기도의 공능을 이루어 가피를 얻기 위해서는 염불과 호흡의 연결이 무척 중요하다. 호흡은 사람마다 길이가 다르기 때문에, 우선 자신에게 맞는 편안한 염불 횟수를 파악해야 한다. 예컨대 관세음보살 염불을 한다면 들이쉴 때 "관세음보살" 하고 내

쉴 때 "관세음보살"을 해도 되며, 들숨과 날숨에 각각 몇 번씩 관세음보살을 해도 무방하다. 즉 횟수의 문제가 아니라 자신만의 편안한 방법을 찾으면 된다는 말이다.

염불과 호흡을 함께 해야 하는 이유는, 이렇게 해야만 마음이 안정되면서 정신 집중이 잘되기 때문이다. 이런 상태에서 관세음보살을 머릿속으로 떠올리며 자신의 소원을 겹쳐서 생각하면 기도는 순풍에 돛을 단 듯 쉽게 나아간다. 어떤 분들은 칭명염불이니 반드시 밖으로 소리를 내야 한다고 생각할지도 모르지만, 소리를 내는 것에 신경을 쓰다 보면 흐름이 무너지는 경우가 있다. 그러므로 소리보다는 자기만의 흐름을 찾는 것에 신경 써야 하며, 때로는 밖으로 소리를 전혀 내지 않고 속으로 생각하는 것만으로도 염불기도의 공능을 이룰 수 있다.

이렇게 기도를 하면 안온한 가운데 온몸이 따뜻해지며 좋은 기분을 느낄 수 있다. 이를 온열이라고 하는데, 따뜻한 기운이 밖에서 들어와 더운 것과는 달리 안에서 나오기 때문에 평안하고 안온한 상태가 유지된다. 여기에서 조금 더 나아가면 일망무제一望無際와 광막廣漠의 텅 빈 충만의 상태가 펼쳐지는데, 일종의 염불삼매가 이루어지는 것이다. 이러다가 때로는 내 몸과 온 세계가 빛으로 가득 차거나 눈이 내리는 것과 같은 환희로운 상태가 전개되기도 한다.

염불삼매와 관련해서는 고려 말 나옹선사가 누이를 위해 지

스님, 기도는 어떻게 하는 건가요?

은 게송이 유명하다.

아미타불께서는 어느 곳에 계시는가?

阿彌陀佛在何方

마음의 정수를 붙잡아 간절하게 잊지 않고 나아가면

着得心頭切莫忘

생각 길이 다 되고 끊어져 생각 없는 경지에 이르리니

念倒念窮無念處

온몸에서는 항상 부처님 같은 자금광이 뿜어져 나오리라.

六門常放紫金光

이루어지는 기도의 특징

기도하기 좋은 장소

어떤 꿈을 꾸고서 그것이 좋은 꿈인지 나쁜 꿈인지 판단하는 가장 쉬운 방법은 깨어난 뒤 느낌을 보는 것이다. 좋은 꿈을 꾸면 밝고 개운하고 맑은 느낌을 받게 되고, 안 좋은 꿈을 꾸면 뭔가 뿌옇고 흐리고 무거운 느낌을 받게 되기 때문이다. 어떤 분은 "느낌으로 꿈을 판단할 수 있느냐?"고 물을지도 모른다. 하지만 꿈은 주관적인 측면이 강하며, 제아무리 진화가 되었다고 하더라도 인간은 동물이기 때문에 동물적인 감각을 무시할 수 없다. 그러므로 느낌으로 꿈을 판단하는 방법도 충분히 가능하다. 기도 역시 내면의 컨트롤이 중요하기 때문에 주관성이 강하다. 그러므로 자신의 느낌을

자신에게 맞는 적합한 장소를 찾으면, 기도는 바람을 등지고 달리는 것처럼 한결 수월
해진다. 이는 안온한 상태에 들어 뿌듯한 평안함이 쉽게 성취되는 것으로 판단할 수
있다.

어느 정도 신뢰해도 무방하다.

　　먼저 기도는 장소와 관련성이 많다. 여기에서 장소란 사찰
이냐 집이냐를 말하는 것이 아니다. 사찰 안에서도 집 안에서도,
자신의 흐름에 보다 잘 맞는 장소가 있다는 말이다. 어떤 분은 "기

도는 이런 것을 초월해야 하지 않느냐?"고 반문할지도 모른다. 결론부터 말하자면 '그렇다'. 하지만 기도의 힘이 견고해지기 전에는 장소 역시 나름대로 중요하다.

"명필이 붓 가리랴"는 속담처럼 명필은 붓을 가리지 않지만, 평범한 학생은 카페보다 독서실에서 공부가 더 잘되는 것이 사실 아닌가? 기도를 처음 시작하면서 굳이 맞바람을 맞으며 달리기를 할 필요는 없다. 방향만 바꾸면 등 뒤로 밀어주는 바람을 받으면서 뛸 수도 있는데 말이다.

기도를 해보며 편안한 느낌을 받는 장소를 선택하면 된다. 사찰의 법당 안에도 위치에 따른 차이가 있으며, 집 안에서도 마찬가지다. 또 이러한 기운을 쉽게 느낄 수 있다면, 어느 정도 기도 노력이 작동한다고 할 수 있으니 긍정적으로 보아도 무방하다.

자신에게 맞는 적합한 장소를 찾으면, 기도는 바람을 등지고 달리는 것처럼 한결 수월해진다. 이는 안온한 상태에 들어 뿌듯한 평안함이 쉽게 성취되는 것으로 판단할 수 있다. 또 뿌듯한 평안함을 얻으면 시계 속 시간의 흐름과 달리 주관적인 시간이 훨씬 빠르게 흐르게 되는데, 이것은 정신 집중이 되어 의식이 존재와 현상을 초월했기 때문이다. 이런 상태에서는 한 자세로 오래 있어도 다리에 쥐가 난다거나 몸에 좀이 쑤시는 것 같은 일이 생기지 않는다. 즉 시간이 빨리 흐르고 몸이 편안하며 마음이 안온하다면 기도가 잘되고 있다고 생각해도 무방하다.

다양한 빛의 향연

염불이 나의 호흡과 잘 맞아 두 조화가 톱니바퀴처럼 돌아간다면, 10분에서 15분 정도만 지나도 머릿속으로 관상하는 불보살의 모습이 변하거나 단편적인 빛을 뿜어내는 것을 볼 수 있다. 이와 비슷한 경지에 나타나는 현상으로는 작은 좁쌀 같은 섬광들이 파편처럼 터지거나 향불처럼 움직이는 것이 있다. 또 때론 빛이 밝게 커지면서 푸른 옥빛이나 무지개처럼 다양한 색채로 변모하는 황홀경이 생기기도 한다.

이런 경험들을 하게 되면, 기도가 순일하게 진행되어 기도력이 점차 강해진다고 이해하면 된다. 다만 특정한 빛의 향연에 정신이 팔리면 기도를 통해 성취한 에너지가 그쪽으로 쏠리게 되고, 그다음 단계의 기도력을 성취하지 못하고 맴도는 상황에 직면하게 된다. 그러므로 이때는 내면의 신이한 현상에 너무 탐닉하지 말고 관찰한다는 마음으로 관조하는 것이 필요하다. 이것을 '기도력을 되돌려 축적한다'고 하는데, 이렇게 되면 다음 단계로 나아갈 수 있다. 즉 양적인 측면을 축적해서 질적인 변화를 촉발하는 것이다.

흔들리지 않으면서도 화합하는 사람

기도력이 자리를 잡으면, 가장 크게 느껴지는 것은 전체와 하나가

되는 부드러우면서도 웅건한 느낌이다. 마치 우주가 나이고 내가 우주이며, 불보살이 나이고 내가 불보살이 된 것 같은 대합일의 상태에서 집착을 내려놓는다는 것마저도 사치인 듯한 안온한 행복에 도달한다. 이때 나와 세계 전체가 거대한 빛이 되는 경우도 있는데, 이 빛은 밝다기보다 모든 존재가 발하는 존재의 빛과 같은 느낌으로 다가온다. 이런 상태에 들어갈 수 있다면 초기의 염불삼매를 증득했다고 할 수 있다.

　　기도력이 확고해지면 외부 경계나 말에 쉽게 흔들리지 않는 강력한 주관이 생긴다. 이렇듯 주관이 확립되면 마치 고급 자동차가 속도를 낼수록 도로에 붙는 것과 같은 안정감을 얻게 된다. 하지만 이 또한 스스로 비판하면서 극복해 나가야 할 단계다. 이 상황에 자칫 매몰되면 편벽한 사람이 되어 주변인과 화합하지 못하는 선에 머물러 더 이상의 진전을 기대하기 어렵다.

　　기도하는 사람은 부처님의 가르침을 따르고 실천하는 대승의 보살로 거듭나려는 사람이다. 이런 점에서 화합을 깨뜨리고 분란이 많은 사람은 일부의 성취는 얻을지 몰라도 대승의 올바른 길을 가는 사람은 아니라는 점을 명심할 필요가 있다. 또 진정 강한 사람은 자신을 내세우는 사람이 아니라, 부드럽게 양보하며 다툼을 넘어선 사람이라는 점도 명심할 필요가 있다. 즉 기도력의 성취자는 흔들리지 않는 고요함을 갖춘 따뜻한 마음으로 화합하는 사람이다.

가피의 종류와 체험

가피를 입는 방법과 노력

기도력을 성취하는 과정에서 불보살께서 나를 북돋아 가피를 내려주는 듯한 현상을 경험하거나, 눈에 띄는 결과를 얻는 경우도 있다. 하지만 기도력을 성취하면 불보살과 내가 하나가 되는 듯한 느낌 속에서 딱히 구할 것 없는 상태, 그러나 되지 않는 일도 없는 편안한 상태가 된다. 즉 기도력이 형성되는 과정에서는 불보살의 가피가 작용하지만, 그 이상이 되면 이러한 가피마저도 굳이 필요치 않게 된다.

기도력을 성취하는 과정에서 불보살의 가피를 입게 되는 것은 먹구름 속에서 간혹 내리치는 벼락이 피뢰침에 떨어지는 것과 같다. 불보살은 가피라는 벼락을 잔뜩 머금은 먹구름이다. 그러나 그 가피는 기도하는 사람의 수용성과 불보살과 주파수를 맞추려는 노력이 있어야만 떨어지게 된다. 벼락이 인근의 가장 높은 금속 위로 떨어지는 것처럼, 가피 역시 기도력이 강한 사람에게 흘러가는 경우가 일반적이다. 그러므로 간절한 마음으로 정성스럽게 기도하고 염불하는 모습을 견지하는 것이야말로 가피영험을 받을 수 있는 가장 우뚝한 피뢰침을 꽂는 일이다.

가피를 입으면 나타나는 첫 변화

기도를 통해 가피를 입으면 나타나는 가장 흔한 변화는 '감정의 정화'와 '그윽한 향기' 또는 '꿈과 유사한 신비체험의 가몽假夢' 등이다. 먼저 감정의 정화는 이유 없이 숙연해지면서 하염없이 눈물이 흐르거나 또는 뭉근한 기쁨에 환희심이 드는 것이다. 이는 기도력이 형성되는 과정에서 내면의 감정적인 부분을 건드리면서 나타나는 현상으로, 이런 경험을 하고 나면 뭔가 홀가분해지고 개운한 느낌을 받게 된다. 이를 예전 분들은 "업장이 녹는다"고 표현하곤 했다.

다음으로 코끝을 스치는 미묘하고 그윽한 향을 느끼게 된다는 것은 흔히 기도 시에 향을 사르기 때문에 처음에는 이런 향내로 오인하는 경우도 있다. 다만 기도 시에 사용하는 향은 불에 태

기도력을 성취하면 불보살과 내가 하나가 되는 듯한 느낌 속에서 딱히 구할 것 없는
상태, 그러나 되지 않는 일도 없는 편안한 상태가 된다.

우는 방식으로 연기를 내기 때문에 불 냄새가 섞여 있다. 하지만 기도력이 작용한 향기는 아주 멋스럽고 그윽하다. 예전에는 "이 세상의 향기가 아닌 것 같다"는 표현을 하곤 했는데, 맞춤한 표현이 아닌가 한다. 이와 같은 현상은 기도력이 감각기관을 자극하기 때문에 일어나는 현상으로 이를 경험하게 되면 한동안 매우 기분 좋은 느낌을 받게 된다.

끝으로 꿈과 유사한 가몽이란, 기도 중에 깜빡하고 의식이 끊기면서 신비한 체험을 하게 되는 것을 말한다. 가몽은 꿈을 꾸는 것과는 다른 것으로 기도 중에 의식이 승화되어 다른 단계로 넘어가면서 일어나는 현상이다. 이때 신비한 장면을 목격하거나 불보살을 만나는 등의 상황이 전개되는 경우도 있다. 처음에는 언뜻 보이고 마는데, 이는 갑작스러운 의식 변화로 기도하는 사람이 반사적으로 놀라면서 그 흐름이 깨지기 때문이다. 그러므로 이런 의식을 좀 더 깊이 유지하기 위해서는 자신에게 나타나는 신비한 변화를 크게 의식하지 않고 계속 반복하면서 그 흐름을 타고 가면 된다.

또 기도력의 성취 과정에서 불치병이 낫는 경우도 있다. 한 사람이 암과 같은 불치병이 낫기를 소원한다면, 기도에 힘이 붙게 되고 한순간 그쪽으로 기도력이 쏠리면서 환해지거나 불로 지지는 것 같은 현상을 경험하게 된다. 또 어떤 경우는 자신의 신체 내부가 보이면서 치료되는 모습이 선명히 보이는 경우도 있다.

이외에 지금 설명한 것보다 낮은 단계로 흔히 경험하는 것에 현몽現夢이 있다. 이는 계시하는 듯한 꿈을 꾸는 것으로, 기도를 하는 초기에 간헐적으로 발생하곤 한다. 현몽은 기도를 통해서 의식을 집중하다가 밤에 의식이 풀리며 무의식을 건드리는 과정에서 나타난다.

어떤 분들은 현몽을 몽중가피라고도 하는데, 이 정도로는 아직 가피를 입었다고 하기는 어려운 단계다. 마치 사찰에 가서 첫 번째 문인 일주문을 보는 정도라고나 할까? 그러나 진정한 기도는 그다음부터라는 점을 명심할 필요가 있다. 사찰이 일주문부터 시작되는 것처럼 말이다.

최고의 가피는 선명하다

기도력이 안정되면 불보살의 가피가 더욱 구체적으로 나타난다. 눈을 뜨고 있는데도 특정한 것이 보이거나 불보살의 가르침이 들린다거나 하는 것이 그것이다. 이 정도 상태에서는 눈에 특정한 장소나 대상 혹은 불보살이 보이기도 하는데, 눈을 감거나 뜨거나 관계없이 보이는 것이 가장 큰 특징이다. 처음에는 자신이 원하는 것과 관련된 측면이 보이는 것이 아니라 기도력의 흐름에 따라서 특정할 수 없는 내용들이 보이곤 한다. 하지만 좀 더 기도력이 강해지면 점차 자신이 궁금해하는 것들이 나타나게 된다. 또 이 단계에서는 귀에 들리는 소리 역시 뚜렷하고 분명하다. 즉 기도력이 안정되어 나타나는 가피는 직접적이고 명료한 것이 특징이다.

　이 정도 설명을 하면 눈치 빠른 사람은 이미 파악했겠지만 기도력의 높고 낮음은 결국 가피가 명료한지 아닌지의 차이라고 할 수 있다. 즉 현몽같이 불투명한 상태에서 점차 현실에서도 느낄 수 있을 만큼 뚜렷해지는 것이다. 불명확성이 걷히면서 명확해지는 것, 이것이 바로 기도력의 성취다.

가장 강력한 진언과 『천수경』

진언과 다라니와 주

불교에는 '진언 문화'라는 것이 있다. 진언眞言이란 '진실한 말'이라는 의미로 긴 것은 다라니陀羅尼, 짧은 것은 주呪라고 구분해서 부른다. 인도에서는 언어와 논리가 발달해서 말에 대한 신뢰가 강한 편이다. 이는 합리성을 지향하는 아리안 인종의 특징과 무더운 날씨로 인해 상대적으로 덜 움직이게 되면서 말로 하는 문화가 발달했기 때문이다.

언어에 대한 인도인들의 깊은 신뢰는 말 자체에 강력한 에너지가 존재한다는 믿음으로 발전했다. 이는 '맹세'나 '축복', '진실의 표현' 등으로 나타난다. 부처님의 생애를 보면, 부처님의 깨달

항마촉지인 자세를 하고 있는 불국사 석굴암 본존불.

음과 관련하여 마왕 파순을 물리치는 과정이 묘사되어 있다. 그런
데 여기에서, 부처님께서 오른손가락 끝을 땅에 대고 대지에 대한
맹세를 하는 장면을 눈여겨보아야 한다. 이것이 오늘날까지 동아
시아에서 석가모니부처님을 표현하는 손모양〔手印〕인 '항마촉지인
降魔觸地印'을 보여주는 장면이다. 즉 부처님의 깨달음과 관련해서
도 맹세의 양상이 살펴지는 셈이다.

축복은 부처님 당시부터 부처님이나 제자들이 신도에게서 공양을 받으면 해주도록 되어 있는 필수 의례다. 이는 오늘날까지 사찰에서 종교의식의 말미에 진행하는 축원으로 이어지고 있다.

끝으로 진실의 표현은 『금강경』 등의 대승경전에서 흔히 볼 수 있다. 가리왕은 자비행을 행하는 과정에서 온몸이 난자당하는 고통을 겪으며, "후회하는 마음이 없느냐?"는 질문을 받게 된다. 그러자 가리왕은 "내게 후회하는 마음이 없다면 내 몸이 온전히 회복될 것이다"라는 진실의 말을 한다. 그러자 절단된 몸이 곧장 원래대로 돌아온다. 이런 것이 '진언' 즉 진실된 말의 힘이다. 이런 예는 인욕선인이나 설산동자의 이야기 등에서 여러 번 살펴지는 인도 진언 문화의 한 흐름이다. 이런 진언 문화가 불교를 타고 동아시아로 전해지는데, 이것이 오늘날 한국불교에서 진언 기도나 진언 수행으로 이어지고 있다.

가장 강력한 진언은?

신도 분들이 가장 많이 하는 질문 중 하나가 "어떤 진언이 가장 강력하고 좋으냐"는 것이다. 이런 질문을 받으면 나는 서슴없이 "가장 많이 하는 진언"이라고 답한다. 그러면 다시 "그게 어떤 것이냐"고 묻곤 하는데, 사실 이건 생각해보면 쉽다. 가장 빈도수가 높은 것은 『반야심경』 말미에 나오는 "아제아제 바라아제 바라승아제 모지 사바하"이다. 왜냐하면『반야심경』은 예불과 기도의 끝에 언제나 들어가며, 모든 법회에서도 빠짐없이 독송되기 때문이다. 또『반야심경』은 서쪽 티베트에서 동쪽 일본에 이르기까지 북방 대승불교권에서 모두 독송되는 유일한 경전이다. 이는 그만큼『반야심경』이 대단한 가치를 가진 최상의 경전이라는 것을 방증한다.

다음으로 많이 암송하는 진언은 육자대명왕진언인 "옴 마니반메 훔"이다. 이 역시 티베트에서 일본까지 독송되는 진언으로 한국불교에서는『천수경』안에 포함되어 있다. 어떤 분은『천수경』의 '신묘장구대다라니'야말로 최고의 진언이 아니냐고 반문하기도 한다. 하지만『천수경』은 우리나라에서만 독송되는 지극히 한국불교적인 경전일 뿐이다.

다만『천수경』을 주목해야 하는 것은, 핵심이 되는 관세음보살 예찬문 즉 '신묘장구대다라니'를 중심으로 그 전후에 동아시아 불교에서 중요하다고 생각되던 다양한 진언과 내용들이 종합선물세트처럼 갖추어져 있기 때문이다. 즉 동아시아 불교의 전통에서 중요하다고 여겨지는 짧은 진언들은 모두『천수경』안에 편입되어 있다. 바꿔 말하면『천수경』에 없는 짧은 진언들은 기도나 진언 수행의 대상에서는 큰 비중을 차지하지 못하는 것들이라는 의미이다.

물론『능엄경』의 '수능엄신주'같이 진언이 너무 길어서 포함될 수 없거나 '사대주'처럼 별도로 유통되는 경우는 예외다. 사대주란 『천수경』과 더불어 예불과 기도 등에서 자주 독송되는 진언으로 '나무 대불정 여래밀인 수증요의 제보살만행 수능엄신주南無 大佛頂 如來密因 修證了義 諸菩薩萬行 首楞嚴神呪' '정본 관자재보살 여의륜주正本 觀自在菩薩 如意輪呪' '불정심관세음보살모다라니佛頂心觀世音菩薩 姥陀羅尼' '불설소재길상다라니佛說消災吉祥陀羅尼'의 네 가지를 가리킨다. 여기에서 주목할 것은 사대주 안에는 축약된 형태의 '수능엄신주'가 포함되어 있다는 점이다. 이는 '수능엄신주'가 별도로 유통되는 진언 가운데 가장 외연이 넓은 진언이라는 것을 의미한다. 『능엄경』은 선불교를 중심으로 송나라 때 유행한 경전이다. 이로 인해 오늘날까지 '수능엄신주'의 영향이 유지되고 있으니, 동아시아에서는 나름대로 오랜 연원을 가진 진언인 셈이다.

최근 새롭게 유행하는 진언

전통적으로 유행하던 진언은 아니지만, 최근 들어 새롭게 부각되는 진언들도 있다. 가장 먼저 유행한 것은 성철스님이 주도하신 '법신비로자나진언'이다. 이 진언은 "옴 아비라 훔 캄 사바하"이기 때문에 이를 속칭 '아비라 기도'라고도 한다. 해인사 백련암에서 주도한 아비라 기도는 '법신비로자나진언' 외에도 '수능엄신주'도 함께 독송하는 구조로 되어 있다. 이는 성철스님께서 선불교의 전통에 입각하여 이 기도법을 제창하셨기 때문이다.

다음으로는 석용산스님에 의해 유명해진 일명 지장보살 '츰부다라니讖蒱陀羅尼'가 있다. '츰부다라니'는『대승대집지장십륜경大乘大集地藏十輪經』에 등장하는 '구족수화길상광명대기명주다라니具足水火吉祥光明大記明呪陀羅尼'로 다라니의 내용 안에 '츰부'라는 말이 반복적으로 나오기 때문에 흔히 '츰부다라니'라고 불린다. 이 다라니는 1992년『여보게, 저승 갈 때 뭘 가지고 가지』란 책으로 유명세를 얻은 석용산스님이 지장 신앙과 기도를 권장하면서 유행한 다라니다. '츰부다라니'는 석용산스님의 입적과 함께 현재는 제한적으로만 암송되고 있다.

스님, 기도는 어떻게 하는 건가요?

끝으로 '광명진언'이 있다. 이 진언은 율사인 동시에 대중서를 통해 중생교화에도 앞장섰던 일타스님이 수행을 권장하며 유명해졌다.『불공견삭비로자나불대관정광진언경不空羂索毘盧遮那佛大灌頂光眞言經』에 등장하는 밀교의 진언으로 "옴 아모카 바이로차나 마하무드라 마니 파드마 즈바라 프라바를타야 훔"이다. 일부에서는 일본 책인『광명진언토사권진기光明眞言土沙勸進記』에서 확인되는, 원효가 '광명진언'을 사용했다는 내용을 들어 이 진언의 권위를 강조하곤 한다. 이는 크게 타당한 주장은 아니지만, 법신이자 불교의 대표 부처님이라고 할 수 있는 비로자나불과 관련된다는 점에서 '광명진언' 기도와 수행이 오늘날 널리 퍼져 있다.

진언의 의미를 모두 알아야 할까?

진언이란 본래 '진실을 담은 말'로서 분명한 내용을 가지고 있다. 하지만 이후에는 명상과 관련된 오묘한 파동이나 단편적인 뜻을 종교적으로 승화한 것으로 변모한다. 즉 내용보다는 파동에 따른 발음이 보다 중요시된다는 말이다. 다라니는 대부분 신앙 대상에 대한 찬탄문이나 축원문인 경우가 많지만, 이런 경우에도 내용에 앞서 발음이 중요하다. 그러므로 오늘날 우리가 기도 대상으로 삼는 진언과 다라니들은 굳이 내용을 알려 할 필요 없이 발음에 유념해서 반복 암송하기만 하면 된다.

『서유기』로 유명한 현장법사는 중국불교의 대표적인 번역 승려인데, 그는 번역과 관련하여 "다섯 가지 경우는 번역하지 않는다"는 원칙 즉 '오종불번五種不飜'을 수립했다. 이 다섯 가지 중에 진언과 다라니도 포함된다. 즉 이는 내용의 문제가 아니라 발음의 문제라는 뜻이다.

어떤 분은 "내용을 모르고 발음만 반복하는 것이 무슨 효과가 있느냐"고 의아해할지도 모른다. 그런데 한번 생각해보자. 우리는 감기나 두통이 생기면 쌍화탕과 타이레놀을 사 먹을 뿐, 그 약의 성분을 알고 분석하려고 하지는 않는다. 또 성분 내용을 아는 의사나 약사라고 해서 약의 효과가 더 잘 나타나는 것도 아니다. 즉 진언과 다라니의 내용을 아는 것은 불교학을 전공하는 전문가에게만 필요한 것이지, 그 외의 사람들에게 필요한 것은 아니라는 말이다. 마치 비행기를 타고 스마트폰을 사용한다고 해서 비행기의 항법 원리나 스마트폰의 구동 원리를 알 필요는 없는 것과 같다. 다만 자주 사용하는 진언 및 다라니와 관련해서는 간략하게나마 내용을 정리해서 알고 있는 정도는 좋을 것 같다.

주요 진언과 다라니의 내용과 의미

- **반야심경진언** : 어서 빨리 미망의 세계에서 깨달음의 이상으로 건너가자는 깨침의 메시지.
- **육자대명왕진언** : 연꽃 속의 보주라는 깨달음의 상징을 통해 관세음보살의 자비를 구함.
- **신묘장구대다라니** : 관세음보살을 인도 최고의 신인 비슈누와 시바의 위용에 빗대어 찬탄함으로써 관세음보살의 가피를 기원함.
- **수능엄신주** : 부처님께서 정수리의 빛을 응축하여 설하신 것으로 모든 액난을 막고 깨달음으로 인도함.
- **관자재보살여의륜주** : 관세음보살이 모든 뜻하는 바를 성취하도록 도와주심.
- **관세음보살모다라니** : 『불정심관세음보살모다라니경佛頂心觀世音菩薩姥陀羅尼經』에 나오는 다라니로, 이 다라니를 암송하면 관세음보살이 한량없는 대자비로 도와주심.
- **불설소재길상다라니** : 모든 재앙을 물리치고 상서로움을 불러옴.
- **법신비로자나진언** : 비로자나불의 위대함을 떠올리고 찬탄하며 가피를 구함.
- **츰부다라니** : 지장보살의 위대함을 찬탄하고 가호를 구하여 일체의 삿됨을 물리치도록 기원함.
- **광명진언** : 비로자나부처님께서 중생을 구제하는 대광명을 비춰주기를 기원함.

절 기도를 하는 방법

절 기도는 어떤 사람에게 적합한가?

칭명염불을 통한 정근이나 진언 및 다라니 기도는 모두 반복되는 염송과 관상이라는 다분히 정적인 행위다. 이에 비해서 절 기도는 절을 하면서 기도하는 동적인 행위이다.

　인간은 정신과 육체로 구성되어 있기 때문에, 사람에 따라서는 정신에 더 집착하거나 또는 물질에 더 집착하는 경우가 존재하게 마련이다. 초기경전을 보면, 부처님께서는 정신에 집착하는 사람을 위해서는 색·수·상·행·식의 5온법을 설하셨고, 물질에 집착하는 사람에게는 6근·6경의 12처법을 설하셨다. 즉 정신과 물질에 따른 특수성을 고려하신 것이다. 이런 연장선상에서 보면 신체가 왕성하여 번뇌가 치성한 사람이나 물질에 대한 집착이 강한 사람은 염불이나 진언 기도보다는 절 기도를 하는 것이 더 알맞다.

절은 인도의 오체투지 전통에서 비롯되어 불교를 타고 동아시아로 전래된 예법이다. 오체투지란 두 손과 두 무릎 그리고 머리, 이렇게 다섯 곳을 땅에 대는 예경법이다. 고대 인도에는 유목문화 전통이 있었기 때문에 의자에 앉는 경우가 많았다. 이때 예경자는 자신의 신체 가운데 가장 높은 곳인 머리를 상대의 신체 가운데 가장 낮은 곳인 발에 대면서 존경을 표했다. 즉 시쳇말로 "나는 당신의 상대가 안 된다"는 뜻이다. 이런 오체투지가 상징적으로 변모한 것이 바로 오늘날의 절이다.

절이 인도에서 유래한 예법이라는 점으로 보아, 중국에는 불교 전래 이전에 절하는 예가 없었음을 알 수 있다. 절은 인도에서 서쪽으로도 흘러갔고, 오늘날 중동의 이슬람들이 메카의 카바 신전을 향해서 하루에 다섯 번씩 예배할 때도 절을 하는 모습을 볼 수 있다.

사찰을 절이라고도 하는데, 이와 같이 절이라고 부르게 된 데에는 여러 주장들이 있다. 그러나 그중에서 가장 주목을 끄는 것은 바로 '절을 하는 곳'이기 때문에 절이라고 부른다는 점이다. 즉 절은 절(사찰)과 동일시될 만큼 불교의 가장 일반적인 예법이자 수행문화인 것이다.

백팔배와 삼천배 기도

절이 자신을 낮추어 상대를 존중하는 예경 방식이라는 점에서, 절 기도와 수행은 일반적으로 교만을 버리고 하심下心하는 것과 연관되어 이해된다. 절 기도는 보통 108배, 500배, 1000배, 3000배를 하는데, 특수한 경우에는 1만 배를 하기도 한다. 하지만 보통의 경우 108배 정도가 적당하며, 1000배 이상 하는 것은 쉽지 않다. 그러므로 필요하다면 서서히 늘려가는 것이 좋다.

절은 보통 절만 하는 경우와 기도문이나 부처님의 명호를 외우며 하는 것, 두 가지 방식이 있다. 두 가지는 각각 장단점이 있다. 몰입도와 시간절약은 절만 하는 것이 유리하지만, 여러 사람이 함께할 경우에는 기도문이나 부처님의 명호가 기록된 『불명경佛名經』 같은 경전을 활용하는 것이 더 바람직하다.

몸이 너무 건강해서 번뇌를 주체할 수 없거나, 정신적인 충격을 받아서 생각을 멈출 수 없을 정도로 극심한 스트레스를 받고 있다면, 몸을 피곤하게 하는 절 기도를 하는 것이 바람직하다. 절을 할 때는 흐름과 자신의 호흡을 맞추어 불편함이 없도록 하는 것이 중요하다. 또 절을 하는 과정에서 육체적인 노곤함 때문에 정신이 멍해질 수도 있는데, 이렇게 되면 기도력이 발생하지 않는다. 그러므로 머릿속으로 수를 세는 것이 좋다. 만일 수를 세는 것이 익숙해지거든 백묵으로 칠판에 숫자를 쓰는 것처럼, 머릿속으

스님, 기도는 어떻게 하는 건가요?

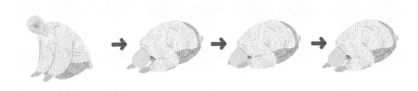

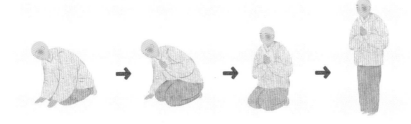

로 숫자를 상상하면서 절을 하면 보다 강력한 기도력이 만들어진다. 그러나 처음에는 수를 세는 것도 쉽지 않으므로 108염주를 돌리면서 절을 하는 과정을 거치는 것도 한 방법이다.

염주는 원래 수를 헤아리는 구슬 꾸러미라고 해서 '수주數珠'라고도 했다. 수를 세면서 호흡을 조절하는 수식관數息觀 같은 수행법을 할 때 사용하곤 했는데, 일반적으로 그냥 돌리는 용도로도 사용했다. 중국불교에서는 칭명염불 시에 염주를 사용하곤 했기 때문에 '염주'라는 명칭이 보다 일반화된다. 그러므로 절을 할 때에도 절을 하는 수를 헤아리기 위해서 염주를 사용하는 것이 좋다. 이렇게 되면 절을 하는 횟수를 잊지 않는 동시에 자신의 체력을 요량해서 기도를 할 수도 있기 때문이다.

다음으로 기도문이나 부처님의 명호를 외우며 절을 하는 방법으로, 전통적으로 『백팔대참회문』이나 『천불명호경千佛名號經』 또는 『삼천불명호경三千佛名號經』의 경문 내용을 읽어가며 하는 것이다. 『백팔대참회문』은 불보살의 명호를 부르면서 총 108배를 할 수 있도록 편집되어 있는, 절 기도를 위해 최적화된 책이다. 다만 읽는 것이 익숙하지 않고 집에서 할 경우라면, BBS 불교방송의 〈행복을 찾는 108배〉 같은 프로그램을 틀어놓고 절하는 것도 한 방법이라고 하겠다.

『천불명호경』과 『삼천불명호경』은 '우리가 사는 이 세계의 현겁賢劫이라는 거대한 시간대 사이클에 출현하는 천 부처님의 명호'와, '과거 장엄겁莊嚴劫에 출현했던 천불과 미래 성수겁星宿劫에 출현할 천불들의 명호'를 기록해놓은 경전이다. 그러므로 이분들의 명호를 부르며 절 기도를 하는 데에는 이 경전의 도움을 받을 수 있다. 사찰 중에는 천불전이나 삼천불전이 있는 곳이 있는데 이런 곳에서 주로 많이 하며, 정초 기도 때 특별히 행해지는 경우도 있다.

절 기도 뒤에는 염불이나 진언을 하라

절 기도의 가장 큰 문제점은 부처님을 모신 사찰의 전각에서는 절 기도를 하기가 상대적으로 쉬운데, 가정에서는 많은 절을 한다는 것이 용이하지 않다는 점이다. 그러므로 절 기도와 관련해 가정에서는 108배 정도를 하는 것이 일반적이다. 오늘날에는 급격한 도시화에 따라서 운동 부족이 사회문제가 되고 다이어트가 화두가 되기도 한다. 이로 인하여 운동을 겸해서 절 기도를 하는 경우도 점차 늘고 있다. 즉 절 운동인 셈이다. 이는 절이 온몸을 무리 없이 활용하는 유산소운동이기 때문이다. 그러므로 절 기도를 운동과 겸해서 하는 것도 100세 시대에 큰 도움이 될 듯하다.

108배 등의 절을 하고 나면 호흡이 가빠지고 땀이 나게 마련이다. 이때 가만히 앉아서 정신을 집중하고 소원을 머릿속에 떠올리면서 염불이나 진언 기도를 해야 한다. 절 자체만으로는 기도가 완결될 수 없다. 절과 더불어 염불과 진언 기도가 병행되어야만 기도력이 붙는다. 이런 점에서 본다면, 절 기도에는 보다 높은 기도력의 성취를 위한 방법적인 측면도 존재한다고 하겠다.

절 기도의 방식 중에는 세 걸음을 걷고 한 번 절하는 3보 1배와 일곱 걸음을 걷고 한 번 절하는 7보 1배 같은 방식도 있다. 하지만 이는 한 공간에서 할 수 있는 것이 아니므로 기도라기보다는 순례의 방식으로나 신심을 고취시키기 위한 방법으로 주로 활용된다. 이는 티베트인들이 라싸나 카일라스산 같은 성지를 순례할 때 이 방식을 사용한다는 점, 또 우리나라에서는 행자들의 수계 교육이나 월정사출가학교에서 신심을 견고히 하기 위해 3보 1배를 한다는 점 등을 통해서 확인해볼 수 있다.

참회 기도를 하는 방법

금생과 전생의 잘못을 참회하기

불교의 윤회론적인 관점에서는 나쁜 행위인 악업이 누적되면 삶이 평안하지 않고 깨달음에도 이르지 못한다고 한다. 이 때문에 전생의 악업 즉 나쁜 습관을 씻어내고 거듭날 필요가 있다. 이것이 바로 참회이며, 이와 관련된 올바른 수행이 바로 참회 기도이다.

참회 기도는 금생과 전생에 지은 죄를 참회하고 자신을 바루어 올바른 길로 나아가고자 하는 실천이다. 금생에 지은 죄 중 큰 죄는 스스로 잘 알지만, 살다 보면 모르고 짓는 자잘한 잘못들도 다수 있게 마련이다. 그러므로 참회를 통해서 이를 반성하는 것이다.

그렇다고 하더라도 전생에 지은 죄는 현생에서 알 수가 없다. 부처님께서는 "전생을 알고 싶으면 금생에 받는 것을 보고, 내생을 알고 싶다면 현생에 행하는 것을 보라"고 하셨다. 그러므로 금생에 이해할 수 없는 문제들이 있다면, 그것은 전생의 원인에서 기인한 것이라는 판단이 가능하다. 하지만 금생에서 아무리 참회를 한다고 하더라도 이미 지나가버린 전생을 되돌려 고칠 수는 없는 일이다. 그러므로 전생에 대한 참회는 굽은 나무를 펴는 것 같은 방식 외에는 달리 바루는 방법이 없다.

굽은 나무는 오랜 생태적인 환경 즉 악업에 따른 결과다. 하지만 나무는 이미 굽은 상태로 성장했기 때문에 반대로 바루는 것은 불가능하다. 그러므로 외부의 타력적인 강력한 장비를 활용하거나 베어서 불에 구워 펴는 힘든 작업을 거쳐야만 한다. 바로 이런 행동이 불교에서는 참회 기도가 된다. 그러므로 참회 기도는 불교의 기도 가운데 가장 힘든 기도라고 이해하면 된다.

어려운 참회 기도와 쉬운 참회 기도

한국불교에서 참회 기도로 가장 이름난 분은 신라시대의 진표율사眞表律師(?~?)다. 『삼국유사』「진표전간眞表傳簡」에 의하면, 진표율사는 몸을 돌바닥에 내던지는 과격한 방식의 망신참법亡身懺法을 사용했다. 이 방법은 영심永心을 거쳐 심지心地로 계승된다. 하지만 몸을 사리지 않는 망신참법은 일반인들이 할 수 있는 기도법이 아니다. 또 부처님께서는 "육체는 진리의 그릇이므로 함부로 훼손해서는 안 된다"는 가르침을 주신 바 있다. 그러므로 진표의 정신은 기리되 보다 안정된 방식의 기도력이 붙을 수 있는 방법이 사용되어야만 한다.

이렇게 해서 흔히 활용되는 방식이 앞서도 언급한 절 기도 방식인『백팔대참회문』같은 것이며, 이보다 더 긴 것으로는『자비도량참법慈悲道場懺法』이 있다.『자비도량참법』은 달마대사와의 문답으로도 유명한 보살천자 양무제 소연蕭衍(464~549)이, 구렁이 과보를 받은 죽은 황후 치씨를 제도하기 위해 승려들에게 명해서 편찬한 책이다. 내용은 불보살을 찬탄하는 동시에 지옥의 참상을 전해서, 몸과 말과 생각으로 짓는 모든 행위들을 청정히 하여 잘못된 과보를 받지 않도록 하는 것이다. 즉『자비도량참법』에는 단순히 참회뿐 아니라 망자에 대한 천도의 의미도 함께 들어 있다. 이는 동아시아의 조상숭배 문화와 관련해 영가천도가 참회 문화에 섞여 들어왔기 때문이다.

『백팔대참회문』과『자비도량참법』을 통해서 참회 기도를 하는 것이 대단한 일은 아니다. 하지만 반복적으로 참회하는 마음을 가져 자신을 낮추고, 이를 통해 앞으로 잘못된 행동을 줄여 나갈 수 있다면 이는 충분히 타당하고 유용한 기도법이라고 하겠다.

더 이상 참회가 필요 없는 기도

'참회懺悔'라는 말을 풀면, '전참후회全懺後悔' 즉 '앞의 일도 뉘우치고 뒤에 발생할 일도 뉘우친다'는 의미가 된다. 그러므로 이와 같은 참회의 마음으로 공경하며 삶을 살아가는 것이 중요하다. 『주역』「중천건괘(☰)」에는 "종일건건 석척약 려무구 終日乾乾 夕惕若 厲無咎"라는 말이 있다. 해석하면 "하루 종일 최선을 다해서 열심히 일하고, 저녁에는 혹시 잘못한 일이 없는지를 두려워하면 허물은 없다"는 말이다. 또 "혹약재연 무구 或躍在淵 无咎"라는 구절도 있다. "물고기가 물에서 뛰어올라도 연못 안에 있다면 문제될 것은 없다"는 말이다. 이와 비슷한 말로 『중용』에는 "어약어연魚躍於淵" 즉 "물고기가 연못에서 뛴다"는 구절이 있다. 언제나 최선을 다하고 분수를 지키면 허물이 있을 수 없다는 말이다.

　　참회 기도는 바로 이런 정신을 갖추는 것이 중요하다. 그렇게 더 이상 참회가 필요 없는 상태를 만드는 것이 목적이 되어야지, 참회 기도를 하고 나서 또 참회할 일을 만드는 쳇바퀴를 돈다면 인생은 너무나도 덧없는 것이 된다. 그러므로 더 이상 참회가 필요 없는 참회의 굴레를 끊어버리는 정신을 갖추는 것이 좋다. 이는 스스로 바루어진 상태이며, 참회 기도를 통해서 기도력이 안정된 양상이다. 이렇게 되면 불보살의 가피와 광영은 그 사람에게 저절로 그림자처럼 따르게 될 것이다.

사경을 통해 기도하기

암송에서 서사로 이동

고대 인도에서는 신성한 가르침은 암송하는 것을 원칙으로 했다. 자칫 가르침을 글로 적을 경우 고의로 훼손하거나 악의적으로 학습해서 비난하는 경우가 발생할 수 있기 때문이다. 이와 같은 전통은 불교에도 이어져 기원 전후까지 무려 500여 년간이나 지속된다.

인도 문화권에서 불경을 최초로 글자로 기록한 것은 기원전 1세기 스리랑카 마탈레의 알루비하르 사원에서다. 즉 이때까지도 인도 본토는 전통에 얽매여 가르침을 문자로 적는다는 생각을 감히 하지 못하고 있었던 것이다.

기원 전후는 대승불교가 태동하던 시기다. 대승은 흔히 소승으로 알려진 부파불교의 답답함을 극복하고 부처님 당시의 활발하고 쉬운 불교를 지향한 초기불교의 부흥운동이다. 하지만 제아무리 당위성이 있다고 해도 대승이 후발주자이다 보니, 당시 불교의 주도권을 장악하고 있던 부파불교의 세력에 비해 열세일 수밖에 없었다. 그래서 대승에서는 새롭게 등장한 경전 문화를 수용하고 사경의 공덕을 강조하며 대승경전이 널리 전파될 수 있도록 하였다.

초기 대승경전인 반야부 경전 등을 보면 경전의 서사 공덕을 강조하는데, 이는 당시 소수였던 대승불교가 세력 확대를 위해서 사경을 활용하였음을 분명히 한다. 즉 처음에는 사경이 기도나 수행이라기보다 대승의 세력 확대와 관련된 방편이었던 것이다.

인도 문화권의 경전 서사는 동아시아에서처럼 종이를 사용한 것이 아니었다. 그곳에서는 패다라貝多羅라고 불리는 종려나무 잎에 뾰족한 송곳 모양의 철필을 사용하여 경전 구절을 새기는 방식으로 이루어진다. 이렇다 보니 근세가 되기 전까지 인도에서는 인쇄가 쉽지 않은 상황이었다. 덕분에 인쇄술이 발전한 동아시아와 달리 장식이 가미된 화려한 서사 문화가 꽃피우게 된다.

스님, 기도는 어떻게 하는 건가요?

동아시아의 사경 문화

경전의 서사는 매우 지난한 과정이다. 하지만 서사를 하는 과정에서 경전을 읽거나 암송하게 되고 이를 통해서 올바른 마음가짐을 환기시키는 효과가 발생한다. 또 서사 작업은 고도의 집중력을 요구하는데, 이로 인해서 기도와 수행의 효과가 나타난다. 물론 이와 함께 경전의 유포라는 공덕 역시 함께 만들어진다는 것은 두말할 나위가 없다. 이런 양상들이 결합된 것이 오늘날까지 유전되는 사경 기도다. 하지만 오늘날에는 서사한 경전을 유통시키지는 않으며, 부처님을 모신 불단에 올렸다가 불에 사르는 방식을 사용하곤 한다.

동아시아는 종이의 사용으로 비교적 이른 시기에 인쇄술이 발달했다. 그러므로 사경의 필연성은 적었지만, 불교에는 오늘날까지도 사경문화가 남아 있다. 물론 동아시아에서의 사경이란, 인도문화권에서처럼 철필을 사용하는 것이 아니라 붓을 이용하는 것이었으며 현대에는 붓펜이나 볼펜을 사용하고 있다. 즉 사경 기도의 정신은 계승되고 있지만, 사경의 수단은 시대와 지역에 따라서 변모하는 것이다.

처음 인도 대승불교에서 사경을 권장한 이유는 경전을 널리 유포시키고 읽게 하기 위함이었다. 하지만 동아시아에서는 인쇄술이 발달하여 경전을 사경하기보다 인쇄본을 주로 읽었다. 그러

스님, 기도는 어떻게 하는 건가요?

경전의 서사는 매우 지난한 과정이다. 하지만 서사를 하는 과정에서 경전을 읽거나 암송하게 되고 이를 통해서 올바른 마음가짐을 환기시키는 효과가 발생한다.

다 보니 동아시아에서의 사경은 장엄한 기도와 수행 문화로 변모했다. 이는 고려시대에 짙푸른 쪽빛 감지에 금과 은으로 글씨를 쓰는 사경 작품들을 통해 확인해볼 수 있다. 이런 경전들은 독송용으로 쓰이기보다 부처님을 모신 불단에 모셔지곤 했는데, 이 때문에 오늘날까지도 이 같은 경전을 모신 나전칠기로 장식된 화려한 경함經函이 전해지고 있다.

사경 기도의 방법과 사불

사경에는 두 가지 방법이 있다. 첫째는 옆에 경전을 두고 빈 종이 위에 옮겨 적는 것으로, 이는 세심한 주의를 요하는 어려운 작업이다. 과거에는 한 번 절하고 한 글자를 적는 1자 1배의 사경도 존재했다. 이런 방식은 경전에 대한 공경과 경건함을 동반하는 수행 기도라고 할 수 있다. 하지만 오늘날에는 이런 어려운 방식보다 음영으로 처리된 사경지나 사경책을 놓고 그 글자 위에 쓰는 방식을 더 선호한다.

　사경 기도가 자신의 소망을 상기하면서 정신 집중을 하는 것이라는 점에서 본다면, 두 번째 경우처럼 사경책을 이용하는 방식이 오히려 더욱 바람직하다. 아무래도 빈 종이 위에 적는 방식으로는 정신을 항상하게 집중하기 어렵기 때문이다. 물론 두 번째 경우라고 해서 문제가 아주 없는 것은 아니다. 음영된 글자가 있는 경우 자칫하면 기계적이고 무미건조한 사경이 될 수 있기 때문이다. 그러므로 이 방법에서는 자신의 바람을 순일하게 유지하는 것이 관건이다.

만일 산만한 성격이거나 번뇌가 많아서 정신 집중을 오래 유지하기 어렵다면, 글씨의 순서를 반대로 써보는 것도 한 방법이다. 즉 일반적으로 글씨를 쓰는 좌측 위에서부터 글씨를 쓰는 것이 아니라, 순서를 반대로 하여 우측 아래에서부터 글씨를 써보는 것이다. 이렇게 하면 익숙하지 않기 때문에 한글이라 하더라도 마치 그림을 그리듯이 정신을 집중해야만 한다. 이런 정신 집중 과정에서 기도력이 발생하고 내면이 바로잡히게 된다. 사경 기도의 핵심은 경전의 이해보다 항상된 정신 집중의 흐름을 유지하는 것임을 유념할 필요가 있다.

사경과 비슷한 것으로 사불寫佛이라는 것도 있다. 사불이란, 부처님을 그리는 것을 말한다. 사경지가 존재하는 것처럼, 사불지를 놓고 부처님의 모습을 따라 그리면 된다. 글씨는 우리에게 익숙하다 보니 자칫 정신이 산만해질 수 있지만, 사불은 익숙하지 않은 그림이므로 상대적으로 정신 집중에 유리하다. 그러므로 사불 역시 중요한 기도 수단이라고 하겠다.

끝으로 사경과 사불이 합해진 방식도 존재하는데, 이는 〈금강경탑다라니金剛經塔陀羅尼〉 같은 것을 따라 그리는 방법이다. 〈금강경탑다라니〉는 선불교에서 가장 중요하게 여기는 『금강경』을 거대한 탑의 틀 속에 재구성해놓은 일종의 글자로 이루어진 탑이다. 즉 여기에는 글자와 그림의 속성이 모두 존재하는 것이다. 그러므로 이러한 〈금강경탑다라니〉를 이용해서 사경 기도를 하는 것 역시 매우 바람직한 접근이라고 하겠다.

사찰 기도와
집에서 하는 기도

사찰에서 하는 기도

사찰 기도는 집전 스님이 주관한다. 그러므로 신도의 입장에서는 스님을 따라서 기도만 하면 된다. 여행으로 치면 인솔자만 잘 따라가면 되는 패키지여행 상품이라고 하겠다.

　사찰에서 매일 하는 기도는 아침·저녁 예불 끝에 하는 기도와 사시 기도 그리고 오후 2시부터 하는 미시 기도, 이 네 가지로 나뉜다. 이를 '네 번 정근한다'고 하여 '사분정근四分精勤'이라고 한다. 이 네 번의 기도 중 핵심은 사시 기도다. 부처님께서 사시에 공양을 드시기 때문에 이때 기도는 부처님께 음식을 올리는 헌공獻供(권공勸供)과 함께 이루어진다. 이 사시 기도 외에 세 번의 기도는 부수적인 기도 또는 보충하는 의미의 기도라고 이해하면 된다.

사분정근 같은 일상 기도 이외에도 초하루와 보름에 하는 월초 기도와 보름 기도도 있다. 월초와 보름은 한 달의 시작과 중간에서 몸과 마음을 바루고, 부처님의 가피를 통해 모든 삿되고 나쁜 일은 만나지 않고 좋고 행복한 일만 조우하기를 바라는 의미의 기도다. 월초 기도와 보름 기도는 부처님이 계실 당시 마가다국의 왕인 빔비사라가 부처님께 건의하여 시작한 인도 전통의 포살布薩(upoṣadha)이 변형되어 전승된 불교의식이다.

한 달 중 행하는 기도 의례에는 월초와 보름 말고도 대승불교의 최고 보살인 관세음보살과 지장보살을 기리고 이분들의 가피를 기원하는 기도도 있다. 이를 관음재일과 지장재일이라고 하는데, 각각 음력 24일과 18일이다.

또 1년간 행해지는 기도를 보면 대략 아래와 같다.

정초 기도(음력 1월 3~15일 사이) ➡ 정초 100일 기도(정초 기도 다음부터 100일간) ➡ 입춘 기도(양력 2월 4일) ➡ 출가 · 열반재일 주간 대정진 기도(음력 2월 8~15일) ➡ 하안거 기도(음력 4월 15일~7월 15일) ➡ 칠석 기도(음력 7월 7일) ➡ 우란분절(백중) 기도(음력 7월 15일) ➡ 동안거 기도(음력 11월 15일~1월 15일) ➡ 동지 기도(양력 12월 22일 또는 23일) ➡ 성도재일 철야 기도(음력 12월 8일)

그리고 1년 내내 행하는 1년 기도가 있다. 이상의 기도들은 사찰에 따라서 기도하는 횟수와 종류에 차이가 발생한다. 즉 각 사찰의 상황과 특수성이 존재하는 것이다.

사시 기도의 순서와 의미

사찰에서 매일 행하는 기도 중 가장 중요한 사시 기도를 가지고 개략적으로 설명해보고자 한다. 먼저 불법승 삼보를 상징적으로 드러내는 '거불擧佛'을 진행한 뒤 법회의 연유를 밝히는 '유치由致' 그리고 불법승 삼보를 개별적으로 청해 모시는 '청사請詞'를 한다. 그리고 나서 부처님께 마지공양을 올린 뒤에 시간에 맞춰 정근 즉 칭명염불을 행한 뒤 법회에 동참한 분들을 축복해주는 축원을 올리는 것으로 마무리한다. 요즘은 마지공양을 올리기 전에 정근을 하는 것이 더 일반적이지만, 원래는 축원 전에 공양을 올리는 것이 맞다.

옛날에는 가마솥에 밥을 지어 공양을 올리므로 공양 올리는 시간을 정확히 맞출 수가 없었다. 그래서 공양이 제때 올라오지 못할 경우 정근을 해서 시간을 벌고는 했는데, 이 과정에서 문제가 발생한 것이다. 공양물을 올리고 정근을 해서 시간을 끄는 것은 동아시아 전통에서는 매우 불경한 일이다. 마치 어른에게 환갑상을 올리고 시간을 끌면서 못 드시게 하는 경우와 같다고 이해하면 된다. 그러므로 명호를 부르면서 찬탄하는 정근은 불보살께서 공양을 드시고 흔연해진 상태에서 하는 것이 적당하다.

사시 기도는 기도에 동참한 분들이 공양물을 마련하여 부처님께 마지공양을 올리고, 축원을 통해서 그 복덕을 나누어 받는 구조로 되어 있다. 즉 주주들이 투자를 하고 이익지분을 분배 받는 방식이라고 이해하면 쉽다. 유교에서 제사를 지낸 뒤 제물을 음복하는 문화의 영향으로, 마지나 공양물을 나누어 먹거나 봉석奉析 즉 조금씩이나마 싸주기도 한다. 다만 유교식 제사와 다른 점은, 유교에서는 같은 성씨를 가진 혈연공동체만 음복을 하지만, 불교의 사시 기도에서는 기도에 참석하고 십시일반 공양물을 낸 모든 사람들이 공양물을 나누는 대상이 된다. 즉 양자 사이에는 혈연과 기도공동체라는 차이점이 존재하는 것이다.

사시 기도의 주관자인 스님은 기도를 이끌어갈 뿐 아니라 부처님께 공양을 올리고 이로 인해 발생하는 종교의식의 에너지를 축원을 통해 골고루 분배하는 역할도 한다. 즉 스님은 부처님을 모시는 분인 동시에 신도들을 보듬어주는 부처님과 신도 사이의 매개자 역할을 하는 것이다. 사시 기도 때 발생하는 에너지는 작은 가피로 작용하는데, 이는 삿된 액란으로부터 우리를 보호해주는 면역력과 같은 역할을 한다. 그러므로 비타민제나 보약을 먹는 것처럼, 사시 기도에 반복하여 꾸준히 동참한다면 면역력을 항상하게 유지할 수 있게 된다.

사시 기도의 순서

보례진언普禮眞言 : 널리 삼보님께 예를 갖추는 진언

『천수경』(『천수경』 이외에 『원각경』 「보안보살장普眼菩薩章」
등 적절한 다른 경전을 해도 무방함)

정삼업진언淨三業眞言 : 몸과 말과 뜻의 3가지 행위를 깨끗이
하는 진언

개단진언開壇眞言 : 법회를 여는 법단을 여는 진언

건단진언建壇眞言 : 법단을 건립하여 완성하는 진언

정법계진언淨法界眞言 : 법단의 주위를 청정하게 하는 진언

거불擧佛 : 삼보를 상징적으로 드러내 보임

보소청진언普召請眞言 : 널리 삼보님을 청하는 진언

유치由致 : 법회의 연유를 아뢰는 말씀

스님, 기도는 어떻게 하는 건가요?

청사請詞 : 개별적으로 삼보를 청하는 말씀

향화청香花請 : 향과 꽃으로 삼보님을 법좌로 인도함

가영歌詠 : 게송의 노래로 삼보님을 찬탄함

헌좌진언獻座眞言 : 삼보님을 자리에 앉게 함

(여기에서 '정근精勤'을 하기도 함)

욕건만다라欲建曼多羅 선송先誦 : 이제부터 '정신적인 진리의 도량을 건립한다'는 내용을 알리기 위한 지문地文에 해당하는 글

정법계진언淨法界眞言 : 법회를 여는 법석을 재차 두루 청정하게 하는 진언

다게茶偈 : 삼보님께 차 공양을 올림

진언권공眞言勸供 : 진언으로 마지공양을 받으실 수 있도록 준비함

↓

변식진언變食眞言 : 삼보님께서 공양물을 받으시도록 물질적인 것을 정신적인 측면으로 변화시킴

시감로수진언施甘露水眞言 : 널리 감로수를 베풀어주는 진언

일자수륜관진언一字水輪觀眞言 : 널리 가득한 바다와 같은 물을 관상해서 풍만함을 성취하는 진언

유해진언乳海眞言 : 우유바다와 같은 풍요함을 성취하는 진언 (이는 인도가 유목문화전통을 가지고 있기 때문임)

운심공양진언運心供養眞言 : 마음을 다해 삼보님께 공양을 올리는 진언

예불참례禮佛懺禮 : 마지막으로 공양 전에 삼보님께 절을 올려 공양을 받아주실 것을 간청함

보공양진언普供養眞言 : 널리 삼보님께 공양을 올리는 진언

보회향진언普回向眞言 : 삼보님께 공양 올린 복덕을 널리 회향

해서 복덕을 더 크게 증장시키는 진언

원성취진언願成就眞言 : 증장된 복덕으로 기도에 참석한 이들의 소원이 성취되기를 바라는 진언

보궐진언補闕眞言 : 혹시라도 의식을 진행하는 과정에서 미진하거나 부족한 점이 있더라도 기도의식이 완성될 수 있도록 해주는 진언

정근精勤 : 불보살의 명호를 반복적으로 부르는 칭명염불

축원祝願 : 기도에 참석한 모든 분들에게 불보살의 가피가 돌아갈 수 있도록 해줌

『반야심경』 봉독 : 『반야심경』을 봉독해서 기도를 원만히 마침

집에서 기도하는 방법과 순서

집에서 하는 개인 기도는 사찰에서 할 때처럼 집전 스님의 인도를 받을 수 없다. 모든 일을 자신이 능력껏 주도적으로 해야 하는 것

이다. 하지만 기도 시간이나 장소를 자신이 선택할 수 있다는 점에서, 정해진 기도 시간 이외에는 기도하기 힘든 사찰의 기도와 달리 긍정적인 측면도 있다. 사찰 기도가 가이드가 있는 패키지여행이라면, 집에서 하는 개인 기도는 혼자 떠나는 배낭여행과 같다고 이해하면 되겠다.

분향焚香 : 삼보를 모신다고 생각하며 향을 사름

⬇

삼배三拜 : 삼보님이 계신다고 생각하며 삼배를 올림

⬇

발원發願 : 삼보님이 계신다고 생각하며 자신이 기원하는 것을 3번 아룀(종이에 적어서 올리면서 해도 되고, 소리를 내서 해도 됨)

⬇

백팔배百八拜 : 삼보님을 생각하면서 예경함(염주를 돌리거나 숫자를 헤아려, 멍한 상태에서 기계적으로 반복되는 상태를 피해야 함. 『백팔대참회문』과 같은 기도문을 사용해도 무방함)

⬇

정근精勤 : 삼보님의 모습이나 명호를 관상하면서, 염주를 돌리며 칭명염불을 함(진언이나 다라니를 해도 무방함)

↓

소원所願 : 삼보님이 계신다고 생각하며 자신의 소원을 3번 아룀 (앞의 '발원'이 되었으면 한다는 점을 부각하는 것이라면, 여기에서의 '소원'은 반드시 이루어져야 한다는데 강조점이 있음)

↓

회향廻向 : 자신의 소원하는 바가 온 우주로 두루 퍼지면서 반드시 이루어지는 모습을 상상함

원멸 사생육도 법계유정 다겁생래죄업장

아금참회계수례 원제죄장실소제 세세상행보살도

願滅　　四生六道　　法界有情　　多劫生來罪業障

我今懺悔稽首禮　　願諸罪障悉掃除　　世世常行菩薩道

원이차공덕 보급어일체 아등여중생

당생극락국 동견무량수 개공성불도

願以此功德　　普及於一切　　我等與衆生

當生極樂國　　同見無量壽　　皆共成佛道

↓

『반야심경』 봉독 : 『반야심경』을 봉독하여 기도를 원만히 마침

기도를 처음 하는 사람이라면 개인 기도를 할 때 시간을 주의해야 한다. 처음에는 20분 정도 하는 것이 적당하며, 최대 30분을 넘기지 말아야 한다. 처음부터 무리하게 시간을 길게 하면 무의식에서 하기 싫다는 생각이 만들어지면서 기도가 이루어지기 전에 포기하게 된다. 그러므로 처음에는 짧게 하여 기도가 즐겁고 행복한 행위라는 인식을 자신에게 심어줄 필요가 있다. 이렇게 해서 기도력이 붙으면 점차 시간을 늘려 나가면 되는데, 그렇다고 해도 최장 한 시간을 넘길 필요는 없다. 기도란 삶을 윤택하고 행복하게 하기 위한 수단이지, 기도 자체가 삶의 목적이 되어 기도에 매몰되는 것은 바람직하지 않다. 물론 기도를 발전시켜 기도 수행으로 삼는 경우는 예외라고 하겠다.

개인 기도를 함에 있어서는 자신의 상황과 환경에 따라서 적절한 날짜와 횟수를 정하여 하는 것이 바람직하다. 예컨대 3일 기도나 7일 기도, 3·7일 기도나 7·7일 기도 또는 백일 기도와 같은 것이며, 하루에 한 번이나 두 번 또는 기상 직후나 취침 전에 한다. 처음에는 기도 기간을 짧게 하고, 하루 중에 한 번 정도로 시작하여 점차 기도력이 붙으면 좀 더 어려운 방식으로 구체화하는 것이 좋다. 기도력이 생기면 백일 기도를 하는 동안 기도하는 시간에는 전화도 걸려오지 않을 정도로 순탄하게 된다. 하지만 기도력이 붙지 않은 상태에서는 기도 시간만 되면 일이 생기는 등 마장이 낄 수 있다.

이상과 같은 개인 기도 방식을 잘 익혀두면 사찰에 가서도 의식집전 시간이 아닌 때 조용한 전각을 찾아 혼자 기도하는 것도 가능하다. 아무래도 초심자의 경우 개인 기도라 하더라도 집보다는 사찰에서 하는 기도가 더 쉽고 힘이 붙는다. 이는 집에 개인 방이 있어도 독서실에 가는 게 더 공부가 잘되는 것과 같은 이치다.

또 명찰의 기도처는 오랜 기도 에너지가 누적되어 신묘한 힘이 있게 마련이다. 요즘에야 사찰에서도 천일 기도를 하는 정도가 최고지만, 예전 큰 절에는 '만일萬日'이라는 이름이 붙은 염불당이 더러 있었다.

'만일'이라고 불리는 이유는 이곳에서 스님들이 집전하는 1만 일, 즉 27년 기도가 봉행되었기 때문이다. 하지만 기도 기간이 너무 길기 때문에 회향을 보는 것은 여간 어려운 일이 아니었다. 이러한 만일기도로 가장 유명한 사찰은 고성에 있는 금강산 건봉사다. 건봉사는 조선 초에 3000칸에 이르는 대규모 사찰이었으나, 한국전쟁 과정에서 완전히 파괴되어 현대에 이르러서야 비로소 재건되고 있다. 하지만 과거의 기도 에너지는 안개가 서리듯 도량에 자욱하게 맺히게 마련이다. 그러므로 이런 도량에서는 기도와 가피 영험이 더 쉽게 일어나게 된다. 참고로 금강산은 영역이 매우 넓어 일부는 남한에도 속해 있는데, 건봉사와 화암사는 우리 쪽 금강산에 위치한 사찰이다.

생활 속의 기도법

가장 중요한 것은 삶의 태도다

새해가 될 때마다 가장 많은 사람들이 말하는 새해 소망 중 하나가 바로 다이어트다. 이는 바꿔 말하면 다이어트 실패율이 매우 높다는 의미이다. 그렇기 때문에 매년 새해 소망이 다이어트가 되는 것이 아니겠는가?

다이어트를 그토록 원하면서도 실패하는 이유는 무엇일까? 그것은 다이어트를 해야 한다는 머리의 요구와 잘못된 생활습관에 길들여진 몸의 불일치 때문이다. 즉 머리로는 이해하는데 몸이 따라주지 않는다는 말이다. 비만은 오랫동안 반복한 식습관인 삶의 태도에 의한 결과다. 이 때문에 이를 단시간만의 의지로 바꾼다는 것은 결코 쉽지 않다. 이 점이 다이어트를 실패로 몰고 가는 주범이다. 중요한 것은 단기간의 의지보다 장기적인 삶의 태도라는 말이다.

　가피를 부르는 기도력의 성취 역시 삶의 태도가 중요하다. 절에 가서 기도하고 절을 나와서는 정반대의 행동을 한다면, 다이어트를 생각하지만 언제나 실패하는 삶과 무엇이 다르겠는가? 입으로는 동쪽을 말하면서도 몸으로는 서쪽으로 가고 있는 셈이다. 그러므로 기도력의 성취에 있어서 일상에서의 삶의 태도에 입각한 항상함만큼 비중이 큰 것은 없다. 제아무리 기도를 열심히 한다고 해도 24시간 기도를 할 수는 없지 않은가. 하지만 삶의 관점과 태도의 유무에 따라서는 24시간 기도하는 삶 역시 충분히 가능하다. 즉 삶의 태도에 따라서는 기도 속의 복된 삶도 가능하다는 말이다.

법다운 말과 성스러운 침묵

『중아함경』「라마경羅摩經」에는 부처님께서 한 제자 집단을 방문하여 "무엇을 하고 있었는지" 묻는 기록이 있다. 그러자 제자들은 "진리에 대해서 담론하고 있었습니다"라고 답한다. 부처님께서는 착하고 올바르다고 하시며, "비구들은 두 가지 삶의 태도를 가져야 하는데 그것은 법다운 말과 성스러운 침묵"이라고 가르쳐주신다.

부산 범어사의 의상대사 진영.
의상대사는 「백화도량발원문」에서,
관세음보살이 아미타불을 머리에
이고 사는 것처럼, 스스로
관세음보살을 모시고 살 것을
발원한다. 기도하는 사람 역시
이와 같은 정신을 굳건히 하고
신심 있는 자세를 견지해야만 한다.

이 경전은 단순히 스님들에 대한 것을 넘어 기도하는 사람의 삶의 태도에도 그대로 적용될 수 있다. 기도하는 사람은 부처님과 진리에 대해서 생각하며, 침묵으로서 모든 삿된 말들을 넘어서야 하기 때문이다. 의상대사는 「백화도량발원문白花道場發願文」에서, 관세음보살이 아미타불을 머리에 이고 사는 것처럼, 스스로 관세음보살을 모시고 살 것을 발원한다. 기도하는 사람 역시 이와 같은 정신을 굳건히 하고 신심 있는 자세를 견지해야만 한다.

당나라 말에서 오대 시대를 살면서, 53년간 다섯 나라에 걸쳐 총 열한 명의 군주를 섬긴 명제상 풍도馮道(882~954)는 그의 「설시舌詩」에서 "입은 화의 문이요, 혀는 몸을 베는 칼이다 口是禍之門, 舌是斬身刀"라고 읊고 있다. 이 시구를 거울삼아, 자신의 입을 지켜 밖에서 발생하는 소요를 잠재우고 내면을 전일하고 충실히 하는 것. 이것이야말로 기도하는 이의 첫걸음인 동시에 기도의 완성을 이루는 마지막 걸음이라고 하겠다.

노는 입에 염불한다

우리 속담에 "노는 입에 염불한다"라는 말이 있다. 할 일 없이 허송하면서 주변을 두리번거리며 남의 험담으로 악업을 짓는 것보다는 비록 작은 부분이라도 공덕을 쌓는 것이 바람직하다는 의미다. 공자는 『논어』「양화陽貨」에서 "무위도식하는 것보다는 바둑이나 장기라도 두는 것이 낫다"는 말을 했다. 이에 비하면 염불을 하는 것은 한 단계 더 높은 불교적인 가르침이 아니겠는가! 이런 점에서 본다면, 올바른 삶의 태도를 만들기 위해 이 속담처럼 절실하고 간절한 것도 없다는 생각이 든다.

　　윤달은 기존의 열두 달의 간지에 들지 않는, 추가된 달이다. 그러므로 이를 '공달'이라고 하는데, 추가된 것이라 일정한 간지가 없다는 의미다. 이 때문에 유교에서는 윤달에 해가 없다고 하여 묏자리를 옮기고 수의를 만드는 등 탈 나기 쉬운 일들을 하곤 한다. 하지만 불교에서는 이 윤달에 예수재를 올리고 삼사순례를 떠나서 공덕을 심는 일에 주력한다. 즉 빈 것을 비게 놔두지 않고, 공덕과 행복으로 채우려고 하는 것이 불교의 관점인 것이다. 이런 점에서 본다면, '노는 입에 염불하는 것'은 윤달에 공덕을 짓는 것과 일치하는 불교적인 사고라고 하겠다. 이때 염불은 칭명염불도 좋고 진언이나 다라니도 좋다. 그리고 소리를 낮게 내거나 속으로만 되뇌는 것도 무방하다.

　나는 일반 신도들에게 염주 돌리기를 자주 권한다. 염주를 돌리다 보면 부처님을 떠올리기도 쉽고, 손 운동도 되어 두뇌 발달과 치매 예방에도 도움이 되기 때문이다. 또 염주를 돌릴 때는 되도록이면 왼손으로 돌리라고 한다. 그것은 상대적으로 사용 빈도가 적은 왼손을 사용하면 우뇌가 발달하여 보다 행복한 인간에 다가갈 수 있기 때문이다.

　돌리는 염주는 크기가 큰 것보다 작은 것이 좋으며, 손목에 들어가는 것이 맞춤하다. 평상시에는 손목에 차고 있다가 시간이 나면 돌리는 것이다. 이렇게 하면 자신이 돌리던 기원의 염주를 늘 곁에 두고 있어 불보살의 보호를 입을 수 있고, 염주를 돌리는 과정에서는 불보살을 생각할 수 있으니 참으로 일석이조가 아닌가 한다.

제2부

불보살께 올리는 기도

석가모니불 기도 방법과 성취

석가모니불이란?

석가모니는 세계 3대 종교 중 하나이자 가장 오래된 종교인 불교의 가르침을 제창한 분이다. 석가모니불이란 '석가'라는 부처님 당시 종족의 이름과 '모니muni'라는 인도 전통 『리그베다Rigveda』에서 확인되는 '수행자'라는 의미, 그리고 깨달음의 성취자라는 '불(붓다)'이 결합된 합성어다. 즉 '석가족의 으뜸 수행자로 완전한 깨달음을 성취하신 분' 정도 의미로 이해하면 되겠다.

　　부처님께서는 가비라국의 왕자라는, 요즘으로 치면 금수저 신분을 버리고 진리를 찾는 험난한 구도의 길에 올라 35세에 깨달음을 증득하신다. 그리고 이후 45년간 원하고 구하는 이 누구에게

나 행복할 수 있는 길을 가르쳐준 진리의 헌신적인 실천자셨다.

불교는 우리가 사는 이 세계 이외에도 우주에는 다양한 세계들이 존재한다는 수평우주론을 전개한다. 그렇기 때문에 석가모니불 외에도 다른 세계에 존재하는 아미타불이나 약사여래 같은 다양한 부처님과 자비의 실천자인 보살들이 계신다. 즉 우리나라에 삼성이 있다면 일본에는 소니, 미국에는 애플이 있는 것과 마찬가지라고 하겠다.

하지만 다른 세계 불보살들은 모두 석가모니께서 설하신 가르침 속에 등장하는 제한적인 불보살들일 뿐이다. 마치 천문학자가 수백만 광년 떨어진 곳에 존재하는 블랙홀을 설명하면, 우리가 직접 보거나 경험할 수 없음에도 수긍하는 것처럼, 다른 세계 불보살들 역시 석가모니의 말씀 속에 믿음으로만 존재한다. 그러므로 석가모니불은 모든 불보살들의 존재 기반인 동시에 불교의 시작과 끝이라고 할 수 있다. 이 때문에 석가모니를 「예불문」에서는 '시아본사是我本師' 즉 '우리의 근본된 스승'이라고 하는 것이다.

이런 석가모니불의 중요성 때문에 우리나라 사찰들은 대부분 주불전主佛殿 즉 사찰의 중심 전각에 석가모니불을 한가운데 모시고 대웅전이라 하고 있다. 한국사찰의 중심 전각이 대웅전으로 통일되는 것은 임진왜란과 병자호란 양란 이후에 발생한 한국불교만의 한 특징이다.

대웅전 이외에도 규모가 큰 절에는 영산전, 응진전, 나한전,

마곡사의 〈석가모니불괘불도〉. 석가모니불을 가슴에 새기고 마음에 담고 살게 되면, 삶의 올바른 기준을 확립하게 되어 어떤 상황에서도 표류하지 않는 밝게 깨어 있는 눈을 갖추게 된다.

천불전, 불조전 등이 있는데, 이곳에도 석가모니불을 중심으로 제자들이나 또는 다른 부처님들을 모셔놓은 모습을 볼 수 있다. 이처럼 사찰에 석가모니불을 모신 전각이 많은 것은 불교 안에서 석가모니불의 중요성을 잘 보여주는 한 측면이라고 하겠다.

석가모니불 기도의 공덕

석가모니불은 진리의 체득자인 동시에 불교의 기준이자 잣대인 분이다. 그러므로 석가모니불 기도를 하게 되면 내면이 안정되며 뜻이 올바로 서서 흔들리지 않게 된다. 진리는 그 자체로 움직이지 않고 고요하지만, 그럼에도 모든 시끄러움과 움직임을 주관하기 때문이다『노자』의 "독립이불개 주행이불태獨立而不改 周行而不殆" 즉 "홀로 있어도 바꿀 것이 없고, 두루 움직여도 위태로움이 없다"라는 말은 자못 맞춤하다.

그러므로 석가모니불을 끊임없이 생각하면, 진리의 본질이 체득되어 내가 우주의 중심이며 나를 제외한 일체가 나를 중심으로 운행한다는 사실을 알고 체득하게 된다. 선불교의 임제스님이 말한 "수처작주 입처개진隨處作主 立處皆眞" 즉 "언제나 주인공이면, 존재하는 모든 곳이 진리일 뿐"이라는 의미다. 석가모니불 기도를 통해, 부림 받는 자는 이제 중생이라는 속박을 벗어나 대자유인의 경계를 얻게 된다. 이렇게 되면 '진리무적眞理無敵' 즉 진리에는 적이 있을 수 없기 때문에 뜻하고 원하는 바가 스스로 성취되기에 이른다. 이는 구하기 이전에 이미 성취되고, 특별히 바라는 것은 없지만 그럼에도 되지 않는 것이 없는 최상의 행복한 삶을 의미한다.

또 석가모니불을 가슴에 새기고 마음에 담고 살게 되면, 삶의 올바른 기준을 확립하게 되어 어떤 상황에서도 표류하지 않는 밝게 깨어 있는 눈을 갖추게 된다.

스님, 기도는 어떻게 하는 건가요?

석가모니불 기도법

석가모니불 기도는 부처님의 사리를 모신 보궁과 같은 곳이 아니라면, 부처님오신날에만 하는 정도다. 사찰에서 할 때는 기도하는 스님을 따라서 하기 때문에 특별한 방법이 필요 없다. 고로 여기서는 개인 기도를 하는 방법만 밝혀둔다. 이 방법으로 집이나 사찰에서 실천한다면 반드시 원하는 뜻을 성취할 수 있다.

⊙ 석가모니불을 모셨다고 생각하며 기도를 행함

순서

분향(석가모니불을 모신다고 생각하며 향을 사름) ➡ **3배**(석가모니불이 계신다고 생각하며 3배를 올림) ➡ **발원**(석가모니불이 계신다고 생각하며 자신이 기원하는 것을 세 번 아룀) ➡ **108배** ➡ **석가모니불 정근**(석가모니불의 모습이나 명호를 관상하면서 염주를 돌리며 칭명염불을 함)

정근

나무 영산불멸 학수쌍존 시아본사 석가모니불

南無　靈山不滅　鶴樹雙尊　是我本師　釋迦牟尼佛

석가모니불 ➡ (계속) ➡ 석가모니불

천상천하무여불 시방세계역무비

세간소유아진견 일체무유여불자 고아일심 귀명정례

天上天下無如佛　十方世界亦無比

世間所有我盡見　一切無有如佛者　故我一心　歸命頂禮

소원(석가모니불이 계신다고 생각하며, 석가모니 부처님께서 자신의 소원을 들어주는 것을 세 번 생각함) ➡ **회향**(자신의 소원하는 바가 온 우주로 두루 퍼지면서 반드시 이루어지는 모습을 상상함)

💧 회향

원멸 사생육도 법계유정 다겁생래죄업장

아금참회계수례 원제죄장실소제 세세상행보살도

願滅　四生六途　法界有情　多劫生來罪業障

我今懺悔稽首禮　願諸罪障悉消除　世世常行菩薩道

원이차공덕 보급어일체 아등여중생

당생극락국 동견무량수 개공성불도

願以此功德　普及於一切　我等與衆生

當生極樂國　同見無量壽　皆共成佛道

마지막으로『반야심경』을 봉독하며 기도를 원만히 마친다.

아미타불 기도 방법과 성취

아미타불이란?

아미타불은 우리가 사는 이 세계에서 서쪽으로 10만억의 국토를 지난 곳에 있는 불교의 대표적인 이상 세계인 극락세계를 주관하시는 부처님이다. 흔히 극락이라고 하면 그리스도교의 천국 같은 사후세계가 아닌가 하고 오해하는 분들이 있다. 하지만 극락은 우리 세계와 동시간대에 존재하는 수평 세계일 뿐이다. 다만 너무 멀리 떨어져 있기 때문에 신통이 없는 우리로서는 그곳에 갈 방법이 없다. 그래서 죽은 뒤 윤회하는 과정에서 저 세계로 갈 수 있다는 점이 부각되었고, 이로 인해 극락을 마치 사후 세계처럼 인식하는 문제가 생겼다. 마치 아프리카의 가난한 사람이 북유럽의 선진국에 가서 살고 싶지만, 돈이 없어서 비행기로는 갈 수 없으니 죽어서 북유럽에 태어나기를 발원하는 것과 같다고 이해하면 된다.

석가모니는 이 세계에서 깨달음을 얻어 이 세계 속에서 살다 가신 분이다. 하지만 아미타불은 오랜 수행을 통해 가장 이상적인 극락세계를 설계해 완성한 부처님이다. 마치 석가모니가 달마대사처럼 한 시대를 살다 간 분이라면, 아미타불은 바티칸을 설계하고 관장하는 교황 같은 존재라고 이해하면 되겠다.

아미타불은 전생에 법장法藏이라는 스님이었다. 법장스님은 자신은 단순히 깨달음만 얻는 것에 그치지 않고 이상 세계도 함께 이루겠다는 '깨달음 + 이상 세계'라는 서원을 발하고 수행에 매진했다. 그 수행의 결과가 바로 극락과 아미타불이다. 또 아미타불은 당신이 성불해서 부처님을 이루면 영원히 죽지 않고 무량한 빛을 발하기를 발원했다. 즉 영원한 생명을 가지고 모든 중생의 어두움을 걷어내시겠다는 서원이다. 이를 인도 말로 하면, '아미타유스Amitāyus' 즉 무량수無量壽와 '아미타바하Amitābha' 즉 무량광無量光이라고 한다. 이 두 단어에서 공통된 표현인 '아미타'를 따서 아미타불이라고 하는데, 아미타는 번역하면 무량無量 즉 '한량이 없다'는 뜻이다. 무량수와 무량광 중 불교에서 더 좋아하는 아미타불의 특징은 무량수이다. 그래서 아미타불을 무량수불이라고 하기도 한다.

또 아미타불의 서원(법장비구의 48원) 중에는 '십념왕생원十念往

부석사 무량수전의 아미타불상. 아미타불은 오랜 수행을 통해 가장 이상적인 극락 세계를 설계해 완성한 부처님이다. 마치 석가모니가 달마대사처럼 한 시대를 살다 간 분이라면, 아미타불은 바티칸을 설계하고 관장하는 교황 같은 존재라고 이해하면 되겠다.

生願'이라는 것이 있다. 이는 누구나 "나무아미타불" 즉 "아미타불께 귀의합니다"라고 열 번만 하면, 추후에 극락세계에 들어갈 수 있다는 것이다. 극락행 티켓 치고는 매우 저렴한 셈이다. 이 때문에 오늘날까지 불교를 대표하는 염불은 "나무아미타불 관세음보살"이 된다.

사찰에서 아미타불을 모신 전각으로는 무량수전이 가장 대표적이며, 이외에도 극락전과 극락보전 그리고 아미타에서 '아'가 생략된 미타전이 있다. 그리고 간혹 무량수와 무량광을 합한 수광전壽光殿이라는 명칭도 사용된다. 아미타불은 석가모니불처럼 부

처님만 단독으로 이해되는 경우는 거의 없고, 언제나 극락이라는
이상 세계와 함께 묶여 파악되는 것이 일반적이다.

아미타불 기도의 공덕

극락은 불교가 말하는 다양한 세계 중에서도 최고의 행복을 보장
하는 세계다. 그렇기 때문에 이름부터 '극락極樂' 즉 '즐거움이 지
극한 세계'라고 한다.

　　극락이 좋은 이유는 단순히 천당이나 천상 세계처럼 감각적
인 쾌락을 주기 때문이 아니다. 그보다는 풍요롭고 좋은 환경 속에
서 아미타불의 가르침을 듣고, 자유롭게 다른 세계로 가서 여러 활
동을 하며, 다양한 부처님을 뵙고 공부를 할 수가 있기 때문이다.
즉 극락은 그리스도교의 천국과는 다른 공부도량인 셈이다. 이 때
문에 나는 "공부 싫어하는 사람은 극락에 가면 지옥만도 못할 수
도 있다"고 우스갯소리를 하곤 한다. 공부라는 말만 들어도 주리가
틀리는 사람들에게 극락이란 즐거움의 세계만은 아닐 수도 있다는
농담이다.

　　극락이 공부도량인 이유는 공부만이 끊임없는 행복을 담보
해주는 최고의 안전장치이기 때문이다. 그래서 극락에서 태어나면
'불퇴전不退轉' 즉 '전진만 있고 물러남은 없다'고 한다.

　　극락이 이상향이라는 점과, 너무 멀어서 윤회 과정에서만

갈 수 있다는 점 때문에 아미타불 기도는 대개 이상향에 대한 추구나 돌아가신 분의 천도와 관련해서 행해진다. 즉 아미타불 기도에는 죽음을 예비하는 분들과 가까웠던 분들이 극락에 가서 행복하길 바라는 마음이 깃들어 있는 것이다.

아미타불 서원 중에는 '임종현전원臨終現前願'이라는 것도 있다. 이는 생전에 아미타불을 지극히 염하고 기도한 분이 사망하면 아미타불이 직접 와 맞이하고 극락으로 모시고 간다는 것이다. 극락이 멀어 중간에 길을 잃을 염려가 있으니 이러한 문제를 원천 봉쇄하는 것이다. 아미타불 기도는 반드시 죽은 사람을 위해서만 하는 기도는 아니다. 미래를 준비하여 진학과 진로를 결정하는 것처럼, 스스로 갈 길을 밝히기 위해서도 아미타불 기도는 필요하다.

또 돌아가신 분은 '나무아미타불' 염불을 할 수가 없으니, 기질이 통하는 지친이 돌아가신 분을 간절히 염하며 열 번 이상 힘닿는 대로 염불을 해주면, 돌아가신 분에게 기도 가피가 돌아가 극락왕생이라는 좋은 결과를 맺을 수 있다. 『주역』「중천건괘重天乾卦(☰)」에는 공자의 말로 "동성상응 동기상구同聲相應 同氣相求"라는 언급이 있다. 같은 소리는 서로 상응하고 같은 기운은 서로를 끌어당긴다는 의미다. 이런 점에서 본다면 돌아가신 분을 위한 '나무아미타불' 염불은 재의식을 집전하는 스님보다 오히려 혈연으로 연결된 분들의 염원이 더 중요하다고 하겠다.

아미타불 기도법

아미타불 기도에는 전통적으로 세 가지 방법이 있다. 첫째, '정토삼부경 淨土三部經'이라 일컬어지는 『아미타경』, 『무량수경』, 『관무량수경』의 독송이다. 둘째, 『관무량수경』을 읽으면서 경전에 나오는 내용을 머릿속으로 상상하며 염상하는 방식이다. 셋째, 아미타불의 칭명염불 즉 정근을 한다. 이에 대한 개인 기도 방법들을 각각 제시해보면 다음과 같다.

정토삼부경 독송 기도

⊙ 일반적으로는 『아미타경』을 가장 많이 독송하며, 『관무량수경』은 잘 독송하지 않음

순서

분향 ➡ 3배 ➡ 발원(원하는 것을 세 번 아룀) ➡ 『아미타경』 독송
➡ 아미타불 정근 (여기서는 독송이 기도의 중심이므로 정근은 짧게 함)

정근

나무 서방대교주 무량수여래불

南無　西方大敎主　無量壽如來佛

나무아미타불 ➡ (계속) ➡ 나무아미타불

아미타불 본심미묘 진언
阿彌陀佛 本心微妙 眞言

다냐타 옴 아리 다라 사바하 (3번)

계수서방안락찰 접인중생대도사
아금발원원왕생 유원자비애섭수 고아일심 귀명정례
稽首西方安樂刹 接引衆生大導師
我今發願願往生 唯願慈悲哀攝受 故我一心 歸命頂禮

소원(아미타불이 계신다고 생각하며, 아미타부처님께서 자신의 소원을 들어 주는 것을 세 번 생각함) ➡ 회향(자신의 소원하는 바가 온 우주로 두루 퍼지면서 반드시 이루어지는 모습을 상상함)

◈ 회향
원멸 사생육도 법계유정 다겁생래죄업장
아금참회계수례 원제죄장실소제 세세상행보살도

원이차공덕 보급어일체 아등여중생
당생극락국 동견무량수 개공성불도

마지막으로『반야심경』을 봉독하며 기도를 원만히 마친다.

순서

분향 ➡ 3배 ➡ 발원 ➡ 경전 관상 (『관무량수경』을 독송하며, 아미타
불과 극락세계를 최대한 구체적으로 관상함) ➡ 아미타불 정근 (여기서는
관상이 기도의 중심이므로 정근은 짧게 함)

정근

나무 서방대교주 무량수여래불

나무아미타불 ➡ (계속) ➡ 나무아미타불

아미타불 본심미묘 진언

다냐타 옴 아리 다라 사바하 (3번)

계수서방안락찰 접인중생대도사
아금발원원왕생 유원자비애섭수 고아일심 귀명정례

소원 ➡ 회향

회향

원멸 사생육도 법계유정 다겁생래죄업장
아금참회계수례 원제죄장실소제 세세상행보살도

원이차공덕 보급어일체 아등여중생
당생극락국 동견무량수 개공성불도

마지막으로 『반야심경』을 봉독하며 기도를 원만히 마친다.

아미타불 칭명염불 기도

⊙ 아미타불을 모셨다고 생각하며 기도를 행함

순서

분향 ➡ 3배 ➡ 발원 ➡ 108배 ➡ 아미타불 정근 (아미타불의 모습
이나 명호를 관상하며 염주를 돌리며 칭명염불을 함)

정근

나무 서방대교주 무량수여래불

나무아미타불 ➡ (계속) ➡ 나무아미타불

아미타불 본심미묘 진언

다냐타 옴 아리 다라 사바하 (3번)

계수서방안락찰 접인중생대도사
아금발원원왕생 유원자비애섭수 고아일심 귀명정례

소원 ➡ 회향

◈회향
원멸 사생육도 법계유정 다겁생래죄업장
아금참회계수례 원제죄장실소제 세세상행보살도

원이차공덕 보급어일체 아등여중생
당생극락국 동견무량수 개공성불도

마지막으로 『반야심경』을 봉독하며 기도를 원만히 마친다.

약사여래불 기도 방법과 성취

약사여래불이란?

아미타불이 우리가 사는 세계를 기준으로 서쪽에 계신 부처님이라면, 약사여래는 정반대인 동쪽 이상 세계에 계신 부처님이다. 『약사유리광칠불본원공덕경藥師琉璃光七佛本願功德經』 즉 『약사경』에 의하면, 동쪽에 유리처럼 투명하고 깨끗한 유리광세계流離光世界를 관장하는 부처님이 약사여래다. 유리광세계는 다른 말로는 보름달처럼 훤하고 밝다고 해서 만월세계滿月世界라고도 한다.

아미타불이 계신 극락은 이 세계 불교인들이 가고자 하는 1순위의 이상 세계이며, 아미타불은 부처님이라기보다는 극락세계의 주관자로서 더 명망이 있다. 이에 비해 약사여래가 계신 세계는 이상 세계이기는 하지만 우리는 이를 극락처럼 동경하지는 않는다. 그보다 약사여래는 현실적인 질병과 액란을 막아주는 위신력으로 우리를 보호해주는 현세의 부처님으로 인기가 높다.

약사여래는 일광日光과 월광月光으로 상징되는 빛과, 우리에게는 십이지신으로 더 잘 알려진 12야차대장을 거느리고, 모든 질병과 재난에서 우리를 지키고 보호하신다. 12야차대장은 위신력이 강력한 신장으로, 약사여래의 뜻을 받들어 모든 나쁜 것으로부터 부처님과 불교, 불교도들을 수호하는 역할을 한다. 약사여래께서 당신을 믿는 이들을 모든 위난으로부터 지켜주는 이유는 약사여래가 세운 열두 가지 대원大願 때문이다. 이 중 여섯 번째와 일곱 번째에 당신을 따르는 이들을 모든 장애와 질병에서 구원한다는 부분이 있다.

십이지신이라고 하면, 우리는 띠라는 개념으로 익숙하다. 때문에 동아시아의 전통문화라고 생각하기 쉬운데, 실제로는 실크로드를 타고 서쪽에서 들어온 외래문화다. 그렇기 때문에 십이지에서는 '자子'가 쥐띠이지만, 실제로 한자에서의 쥐는 '자'가 아니라 서생원이라고 할 때의 '서鼠'다. 이는 소를 나타내는 한자가 '축丑'이 아니라 우유牛乳할 때의 '우牛'라는 점, 호랑이도 한자로는 '범 호虎'이지만 '인寅'이라는 점 등을 통해서 더욱 분명해진다. 물론 개중에는 '뱀 사巳·蛇'처럼, 십이지와 한자가 일치하는 경우도 있다. 하지만 이는 열두 동물 중 뱀만이 유일한 경우다(뱀은 보통 巳보

114

스님, 기도는 어떻게 하는 건가요?

① 쥐　　자子 ➡ 서鼠
② 소　　축丑 ➡ 우牛
③ 호랑이　인寅 ➡ 호虎
④ 토끼　묘卯 ➡ 토兎
⑤ 용　　진辰 ➡ 용龍
⑥ 뱀　　사巳 ➡ 사巳 · 蛇

⑦ 말　　오午 ➡ 마馬
⑧ 양　　미未 ➡ 양羊
⑨ 원숭이　신申 ➡ 원猿
⑩ 닭　　유酉 ➡ 계鷄
⑪ 개　　술戌 ➡ 견犬
⑫ 돼지　해亥 ➡ 돈豚

다는 蛇로 쓰는 것이 일반적이다. 그러나 巳는 뱀을 형상화한 상형문자로 글자의 유래가
더 오래다).

　　한자와 동물을 지칭하는 뜻이 일치하지 않는 이유는 외래문
화가 수용되는 과정에서 음역된 것이기 때문이다. 그러므로 기존
의 한자 체계와는 다른 의미가 존재하는 것이다. 또 실제로 신라시

팔공산 동화사의 갓바위 부처님. 약사여래는 현실적인 질병과 액란을 막아주는 위신력
으로 우리를 보호해주는 현세의 부처님으로 인기가 높다.

대에 십이지는 왕의 무덤 주위를 둘러싼 보호석으로 무덤을 지키는 역할을 하였다. 즉 단순한 열두 동물이 아닌 십이지'신神'인 것이다. 그런데 이는 모두 불교가 융성한 통일신라 이후에나 나타난다. 즉 불교 전통과 관련해서 십이지가 십이지신으로서 본격적으로 움직인다는 말이다. 이런 왕릉에 십이지신이 보호석으로 들어가는 측면은 통일신라 탑의 기단부에 십이지신이 부조되는 것과 맥을 같이한다. 이는 당시 탑을 왕릉에 상응하는 가치로서, 부처님의 무덤과 같은 의미로 이해했기 때문이다. 약사여래는 '12'라는 수와 연관된다. 이는 동쪽이라는 방위와 더불어, 황도12궁과 관련된 태양 숭배의 연장선상에 약사여래가 존재함을 의미한다.

　　사찰에서 약사여래를 모신 전각으로는 약사전과 유리보전, 또는 만월보전 등이 있다. 또 약사여래 신앙과 관련하여 중심이 되는 곳은 팔공산 동화사와 〈관봉석조여래좌상〉(보물 제431호), 즉 일명 갓바위 부처님이 유명하다.

약사여래불 기도의 공덕

오늘날에는 병의 개념이 병원과 관련된 특수한 부분으로 제한된다. 하지만 예전에는 모든 액난이나 삿됨까지도 병의 영역에 들어갔다. 이는 무당이나 도사 들이 질병의 퇴치 및 액난을 막고 행운을 빌어주는 등의 행위를 하는 것에서도 알 수 있다. 우리가 '병마病魔'라고 하여 병과 마귀를 병치시키는 것 역시 이와 같은 이유에서 유래한다.

실제로 『삼국유사』의 「밀본최사密本摧邪」에는 "선덕여왕이 병에 걸려 낫지 않자, 밀본법사가 『약사경』을 외웠다. 그러자 육환장(승려의 지팡이)이 왕의 침전으로 날아가 늙은 여우를 꺼꾸러트렸다"는 대목이 있다. 즉 병과 여우로 인한 삿된 기운이 같은 연장선상에서 다루어지고 있는 것이다.

약사여래불 기도를 하게 되면, 일차적으로 질병에 따른 고통에서 벗어날 수 있고, 이차적으로 모든 삿된 기운을 물리쳐 악이 침범하지 못하고 밝고 선함만이 존재할 수 있도록 해준다. 그리고 마지막으로 후천적인 장애의 발생 및 요절과 단명을 막고 건강하게 장수하도록 하는 데 도움을 준다. 즉 병고로부터 구원하고 천수를 누리도록 해주는 것이다.

스님, 기도는 어떻게 하는 건가요?

약사여래불 기도법

약사여래불 기도 역시 아미타불 기도와 마찬가지로 두 가지 예가 있다. 첫째 『약사경』을 읽으면서 약사여래의 12대원에 편승해 가호를 구하는 것, 둘째 칭명염불을 하는 것이다.

약사경 독송 기도

◈ 순서

분향 ➡ 3배 ➡ 발원(원하는 것을 세 번 아룀) ➡ 『약사경』을 독송하며, 약사여래와 유리광정토를 생각함 ➡ 약사여래불 정근 (여기서는 독송이 기도의 중심이므로 정근은 짧게 함)

정근

나무 동방 만월세계 십이대원 약사유리광여래불
南無 東方 滿月世界 十二大願 藥師琉璃光如來佛

약사여래불 ➡ (계속) ➡ 약사여래불

약사여래소 진언
藥師如來疏 眞言

옴 후루후루 찬다리 마퉁기 사바하

십이대원접군몽 일편비심무공결

범부전도병근심 불우약사죄난멸 고아일심 귀명정례

十二大願接群蒙　一片悲心無空缺

凡夫顚倒病根深　不遇藥師罪難滅　故我一心　歸命頂禮

소원(약사여래가 계신다고 생각하며, 약사여래부처님께서 자신의 소원을 들어주는 것을 세 번 생각함) ➡ 회향(자신의 소원하는 바가 온 우주로 두루 퍼지면서 반드시 이루어지는 모습을 상상함)

💧 회향

원멸 사생육도 법계유정 다겁생래죄업장

아금참회계수례 원제죄장실소제 세세상행보살도

원이차공덕 보급어일체 아등여중생

당생극락국 동견무량수 개공성불도

마지막으로 『반야심경』을 봉독하며 기도를 원만히 마친다.

약사여래불 칭명염불 기도

◉ 약사여래불을 모셨다고 생각하며 기도를 행함

💧 순서

분향 ➡ 3배 ➡ 발원 ➡ 108배 ➡ 약사여래불 정근 (약사여래불의 모습이나 명호를 관상하고 염주를 돌리며 칭명염불을 함)

◎ 정근

나무 동방 만월세계 십이대원 약사유리광여래불

약사여래불 ➡ (계속) ➡ 약사여래불

약사여래소 진언

옴 후루후루 찬다리 마퉁기 사바하

십이대원접군몽 일편비심무공결
범부전도병근심 불우약사죄난멸 고아일심 귀명정례

소원 ➡ **회향**

◎ 회향

원멸 사생육도 법계유정 다겁생래죄업장
아금참회계수례 원제죄장실소제 세세상행보살도

원이차공덕 보급어일체 아등여중생
당생극락국 동견무량수 개공성불도

마지막으로『반야심경』을 봉독하며 기도를 원만히 마친다.

미륵불 기도 방법과 성취

미륵불이란?

아미타불과 약사여래가 공간적으로 우리 세계와 병렬된 서방과 동방에 존재한다면, 미륵불은 시간적으로 미래에 올 부처님이다. 즉 석가모니불을 기준으로 이전에는 가섭불이 존재했고, 석가모니 이후에 부처님이 되시는 분이 바로 미륵불인 것이다.

　미륵은 부처님 당시 실존했던 아일다阿逸多(Ajita)라는 인물로, 그는 인도 바라나시 녹야원에서 석가모니불께 당신을 이어서 미래 세상에서 부처님이 될 것이라는 예언(수기)을 받았다. 『서유기』로 유명한 현장玄奘의 『대당서역기大唐西域記』에 따르면, 이를 기념한 거대한 탑이 녹야원에 있었음이 확인된다.

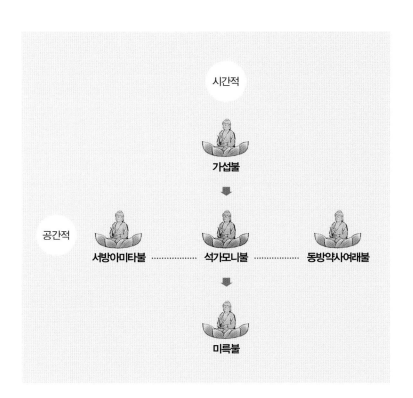

시간적

가섭불

공간적   서방아미타불 ·············· 석가모니불 ·············· 동방약사여래불

미륵불

　　미륵이 석가모니불께 수기를 받았다는 것은 일종의 대통령 당선인 같은 신분이 되었다는 것을 의미한다. 하지만 미륵은 아직 취임 전이므로 오늘날 우리 세계의 위에 있는 천상계인 도솔천 내원궁에 머물며 가르침을 베풀고 있다. 즉 당선은 되었지만 아직 취임은 하지 않은, 일종의 인수인계 상황인 것이다. 그런데 이 도솔천이 위쪽에 있다는 점에서, 미륵을 따르는 신앙인들은 도솔천 상방上方신앙을 만들게 된다.

인도 대승불교에서 미륵을 따르는 학파는 무착無著(Asaṅga)과 세친世親(Vasubandhu)에 의해서 시작되는 유가유식瑜伽唯識학파다. 이 학파는 용수龍樹(Nāgārjuna)에 의한 중관中觀학파와 더불어 가장 크게 번성했다. 이 유가유식을 공부하기 위해 인도로 갔다가 동아시아에 거대한 세력으로 이식한 인물이 바로 삼장법사 '현장'이다. 이를 유가법상종瑜伽法相宗이라고 한다. 법상종은 고려시대까지 화엄종·선종·천태종과 더불어 가장 유력한 불교학파로 명망이 있었다.

미륵은 부처님이 되기로 결정된 분이기는 하지만 오늘날 우리의 부처님은 아니다. 그렇기 때문에 미륵은 '미륵보살'과 '미륵불'이라고 두 가지 모두로 불린다. 보살이란 부처님이 되기 위해 부처님을 도와 자비실천을 행하는 분들을 의미한다.

미륵이 부처와 보살이라는 두 가지 모습을 가지고 있기 때문에, 『미륵삼부경彌勒三部經』에는 경전에 따라서 부처님의 모습과 보살의 모습이 공존하게 된다. 『미륵상생경彌勒上生經』은 석가모니께 수기를 받은 미륵이 도솔천에 올라가서 오랫동안 교화하는 내용을 나타내고 있다. 그러므로 누구든지 미륵의 가르침에 동참하고 싶으면 미륵을 믿고 수행할 것을 권하는 것으로 되어 있다. 다음으로 『미륵하생경彌勒下生經』과 『미륵대성불경彌勒大成佛經』은 상호 유사한 경전으로 미륵이 이 세계가 이상 세계처럼 좋아진 뒤, 용화수龍華樹 아래에서 깨달음을 얻고 세 차례에 걸쳐 수많은 중생들을 제도한다는 내용이다. 즉 『미륵상생경』이 보살의 상황을 기록하고 있다면, 『미륵하생경』과 『미륵대성불경』은 미래에 미륵이 부처님이 되어 교화를 펼치는 것에 방점이 찍혀 있는 것이다.

사찰에서 미륵을 모신 전각을 미륵전이나 용화전龍華殿 또는 자씨전慈氏殿이라고 한다. 용화전은 미륵이 깨달음을 얻을 나무인 용화수 아래에서 세 차례에 걸쳐 중생제도를 한다는 '용화삼회龍華三會'의 명칭을 차용한 것이다. 또 자씨전은 미륵이 중생들을 널리 사랑하는 보살이므로 '자씨慈氏'라고 불리는 데서 연유한다. 참고로 관세음보살은 흔히 대자비의 보살로 알려져 있지만, 정확히 말하면 중생들의 아픔을 함께 슬퍼해주는 '비悲'의 보살이다. 그렇기에 우리가 관세음보살을 칭할 때 '대비大悲' 관세음보살이라고 하는 것이다. 즉 미륵과 관세음보살이 각각 '자비慈悲'의 '자慈'와 '비悲'를 나누어 가진 상황이라고 하겠다.

미륵을 모신 대표적인 사찰은 보은 법주사다. 오늘날 법주사에 청동미륵대불을 모신 그 자리에 실제로 통일신라시대 진표율사가 모신 거대한 청동미륵대불이 있었다. 이는 법주사가 본래부터 미륵신앙의 중심 사찰이었음을 알게 한다. 그런데 이 초특급 문화유산을 조선 말 흥선대원군이 당백전을 주조한다고 녹이는 만행을 저지른다. 실로 통탄을 금할 수 없는 일이다.

금산사 역시 4.8미터에 이르는 거대한 미륵 입상을 모신, 외관이 3층으로 보이는 미륵전이 유명하다. 금산사는 진표율사의 출

법주사 청동미륵대불. 미륵이 이 세계에 내려오는 시기는 아주 먼 미래다. 하지만 미륵이 내려올 때 이 세계에 화합된 태평성대가 도래한다는 점에서, 일찍부터 미륵이 빨리 내려오기를 기다리는 신앙이 존재했다.

가사찰인 동시에 스승인 순제(崇濟)법사가 주석한 곳으로, 이 역시 진표계 미륵신앙의 중요한 거점이었다.

미륵불 기도의 공덕

미륵이 이 세계에 내려오는 시기는 아주 먼 미래다. 하지만 미륵이 내려올 때 이 세계에 화합된 태평성대가 도래한다는 점에서, 일찍부터 미륵이 빨리 내려오기를 기다리는 신앙이 존재했다. 일종의 메시아 신앙인 셈이다. 그런데 그 시기가 아득히 먼 미래이다 보니, 이러한 미륵이 출현해서 성불하기를 기다리기보다는 오늘날 미륵이 머물고 있다는 도솔천에 가기를 신앙하는 비율이 더 크게 된다. 이를 상생신앙 또는 도솔천왕생신앙이라고 한다. 즉 아미타불의 세계인 극락에 왕생하는 것처럼, 미륵이 계신 도솔천에 왕생하고자 하는 것이다.

　도솔천은 아미타불이 계시는 극락세계가 10만억 세계나 떨어진 먼 곳이라는 점에 비하면 상대적으로 훨씬 가깝다. 그러므로 미륵신앙을 가진 사람들 중에는 도솔천이 극락보다는 못하지만 가까이서 미륵의 가르침을 받을 수 있고 추후에 함께 내려와 깨침을 받으면 된다는 주장을 전개하는 이들도 있다.

　이런 주장을 개진한 분이자 도솔천에 왕생한 대표적인 분이 현장법사다. 현장은 임종 무렵 제자가 "스승님께서는 도솔천에 왕생하십니까?"라고 묻자 "반드시, 그렇게 된다"고 하며, 엷은 미소를 띤 채 입적했다. 이와 같은 내용은 『대당대자은사삼장법사전大唐大慈恩寺三藏法師傳』에서 확인할 수 있다.

　　현장법사처럼 미륵불이 머무는 도솔천에 태어나고 싶은 분들은 미륵불 기도를 하면 된다. 또 미륵은 미래의 메시아이자 현존하는 이 세계 불교의 최고 승자다. 그러므로 미륵의 가피를 입게 되면 모든 하는 일이 원만성취되는 동시에 실패하는 일이 없다. 즉 미륵불 기도를 열심히 하면 살아서는 성공하고 죽어서는 도솔천에 가게 되는 것이다.

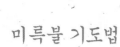

미륵불 기도법

미륵불 기도 역시 아미타불이나 약사여래의 경우와 마찬가지로 경전을
읽는 것과 칭명염불을 하는 것의 두 가지 기도 방법이 있다.

미륵삼부경 독송 기도

◉ 일반적으로는 『미륵상생경』을 가장 많이 독송함

순서

분향 ➡ 3배 ➡ 발원(원하는 것을 세 번 아룀) ➡ 『미륵상생경』을 독
송하며, 미륵불과 도솔천을 생각함 ➡ 미륵존불 정근(여기서는
독송이 기도의 중심이므로 정근은 짧게 함)

정근

나무 현거도솔 당강용화 굉시칠변 보화중생
南無　現居兜率　當降龍華　宏施七辯　普化衆生

미륵존불 ➡ (계속) ➡ 미륵존불

미륵보살 다라니
彌勒菩薩 陀羅尼

나모 아랴 매다레야 모지사다바야 다냐타 매다리 매다리
매다라마나세 사바하 (3번)

고거도솔허제반 원사용화조우난
백옥호휘충법계 자금광상화진환 고아일심 귀명정례

高居兜率許躋攀 遠俟龍華遭遇難
白玉毫輝充法界 紫金光相化塵寰 故我一心 歸命頂禮

소원(미륵불이 계신다고 생각하며, 미륵부처님께서 자신의 소원을 들어주는
것을 세 번 생각함) ➡ **회향**(자신의 소원하는 바가 온 우주로 두루 퍼지면서
반드시 이루어지는 모습을 상상함)

◌ 회향
원멸 사생육도 법계유정 다겁생래죄업장
아금참회계수례 원제죄장실소제 세세상행보살도

원이차공덕 보급어일체 아등여중생
당생극락국 동견무량수 개공성불도

마지막으로 『반야심경』을 봉독하며 기도를 원만히 마친다.

⊙ 미륵불을 모셨다고 생각하며 기도를 행함

🕯 순서

분향 ➡ 3배 ➡ 발원 ➡ 108배 ➡ 미륵존불 정근(미륵존불의 모습

이나 명호를 관상하고 염주를 돌리며 칭명염불을 함)

💧 정근

나무 현거도솔 당강용화 굉시칠변 보화중생

131

미륵존불 ➡ (계속) ➡ 미륵존불

미륵보살 다라니

나모 아랴 매다레야 모지사다바야 다냐타 매다리 매다리

매다라마나세 사바하(3번)

고거도솔허제반 원사용화조우난

백옥호휘충법계 자금광상화진환 고아일심 귀명정례

소원 ➡ 회향

◈ 회향

원멸 사생육도 법계유정 다겁생래죄업장
아금참회계수례 원제죄장실소제 세세상행보살도

원이차공덕 보급어일체 아등여중생
당생극락국 동견무량수 개공성불도

마지막으로 『반야심경』을 봉독하며 기도를 원만히 마친다.

관세음보살 기도 방법과 성취

관세음보살이란?

관세음보살은 대세지보살과 함께 서방 극락세계의 아미타불을 돕는 보살이다. 관세음보살은 대승불교를 대표하는 보살이기도 하다. 이를 불교에서는 좌보처左補處, 우보처右補處라고 하는데, 시쳇말로 극락세계의 넘버2와 넘버3라고 이해하면 되겠다. 관세음보살은 언제나 아미타불을 받들고 모시기 때문에 머리 앞에 작은 아미타불의 화불을 모시고 있어 구분하기가 쉽다.

『화엄경』과 더불어 대승불교의 최고 경전인 『법화경』에는 관세음보살의 중생구제와 관련한 「관세음보살보문품觀世音菩薩普門品」이 존재한다. 이를 축약해서 「보문품」이라고 하는데, 본래는 별도로 유통되다가 훗날 『법화경』 안에 편입되었다. 동아시아에서는 관음신앙이 유행하면서 이 「보문품」이 다시 별도로 유통되었는데, 이때는 『관음경』이라는 이름이 붙었다. 즉 『관음경』은 본래 독립되어 있다가 『법화경』에 편입된 뒤 다시 독립한, 이력이 다소 복잡한 경전이다. 관음신앙과 기도에 있어 이 『관음경』은 가장 중요한 경전이다.

관세음보살이 등장하는 대승경전은 다양하다. 하지만 아미타극락신앙의 『정토삼부경』이나 미륵의 『미륵삼부경』 같은 삼부경의 구조는 등장하지 않는다. 이는 관음신앙에 있어 『관음경』이 절대적 위치를 차지하기 때문이다. 즉 『관음경』의 독주체제라고 이해하면 되겠다.

관세음보살의 특징은 중생구제를 위해서 그 사람이 가장 원하고 필요로 하는 모습으로 변화하여 도와준다는 점이다. 이를 '응신應身'이라고 하는데, 이런 변화의 모습이 『관음경』에서 서른세 가지, 『능엄경』에서 서른두 가지로 각각 나타난다. 그래서 이를 각각 33응신과 32응신이라고 한다. 이런 점에서 본다면, 관세음보살은 원하는 이의 바람에 따라 맞춤형 구제 서비스를 해주는 보살이라고 하겠다.

관세음보살의 인기는 단지 이러한 맞춤형 서비스에서만 비롯되는 것은 아니다. 아미타불의 극락은 서쪽으로 10만억 세계나 떨어진 머나먼 곳이다. 그러므로 이 세계에서 도움을 요청해도 내

용을 접수 받아 구원하는 데 시간이 걸릴 수밖에 없다. 즉 적시에 도움을 줄 수 없다는 말이다. 사실 이 문제는 미륵을 신앙하는 분들이 먼 극락보다 가까운 도솔천이 소원을 이루기에 더 유리하다고 주장하는 것에서도 살펴진다.

관세음보살은 극락뿐 아니라 이 세계 속에서도 남인도의 보타락가산補陀洛迦山에 머물며 중생들을 구제한다. 즉 극락과 이 세계 두 곳에 머물며 두 집 살림 혹은 투잡을 하는 보살이 바로 관세음보살인 것이다. 이 때문에 관음기도는 빠르게 효과를 볼 수 있다. 이는 관세음보살의 깊은 연민과 더불어 관음기도가 한국불교를 대표하는 기도로 자리 잡을 수 있게 했다.

관세음보살이 머무는 보타락가산은 『화엄경』의 「(제)보살주처품(諸)菩薩住處品」과 「입법계품入法界品」 그리고 『대당서역기』 등에 의하면 남인도에 위치한, 바다로 둘러싸인 산이다. 특히 현장이 직접 보타락가산을 답사했다는 점이 주목된다. 즉 보타락가산은 가상의 지역이 아니라 실제하는 특정 지역에 위치한 실재하는 산이라는 말이다.

보타락가산이 바다로 둘러싸인 산이라는 점 때문에 관음성지는 보통 바닷소리가 들리는 곳에 위치한다. 또 관세음보살은 해상의 안전을 담당하는 보살로도 각광을 받아왔다. 이는 관음신앙이 바다와 관련된 신앙에서 출발했다는 점을 보여준다.

보타락가산이 관세음보살이 머무는 곳이므로 관음성지는

보타락가산의 명칭을 차용하는 경우가 다수 존재한다. 우리나라에서는 의상대사가 창건한 양양의 낙산사가 그렇고, 중국 저장성의 보타산과 낙가산 그리고 푸젠성의 남보타사도 여기에 해당한다. 이외에도 티베트 라싸의 달라이라마가 살던 곳인 포탈라궁 역시 보타락가의 티베트식 발음에 따른 것이다. 참고로 달라이라마는 관세음보살의 변화된 몸(화신)이라고 티베트에서는 받들어진다. 그렇기 때문에 달라이라마의 공간은 자연히 포탈라궁이 된다.

관세음보살은 자비 중에서 중생과 함께 슬퍼하는 '비悲'를 담당하며, 이를 통해서 많은 이들의 어려움을 구원한다. 그래서 '대비관세음보살'이라고 하는데, 여기에서 '대비'라는 말을 차용해 관음전을 대비전大悲殿이라고 한다. 또 사찰에서 관세음보살을 모신 전각의 격을 높여 부를 때는 원통전圓通殿과 원통보전圓通寶殿이라고 칭한다. 여기에서 원통은 관세음보살이 귀로 두루 모든 중생들의 간절한 기원을 듣고 해결해준다는 것을 뜻한다.

관세음보살을 신앙하는 대표적인 사찰은 동해의 낙산사와 남해의 보리암 그리고 서해의 보문사다. 이를 3대 관음도량이라고 하는데, 동·남·서의 세 방향에서 우리나라를 감싼 형세다. 이것만 놓고 본다면, 우리나라는 관세음보살의 가피로 둘러싸인 나라인 셈이다.

관세음보살 기도의 공덕

"다른 사람의 팔이 잘린 것보다 내 손에 박힌 가시가 더 아프다"라는 말이 있다. 그만큼 우리에게 아픔은 주관적인 측면이 더 크다. 이 세상에 나름의 아픔과 문제를 간직하지 않은 사람은 없다. 이런 문제를 우리 눈높이에 맞춰 같이 아파하고 해결해주는 보살, 이분이 바로 관세음보살이다. 특히 관세음보살은 보타락가산이라는 세계 속에서 우리와 함께 살며, 무한히 열린 귀로 중생들의 고통과 기원 그리고 바람을 들으며 다양한 몸을 나투어 문제를 해결해준다. 이 때문에 관세음보살을 '천수천안千手千眼' 즉 '천 개의 손과 천 개의 눈을 가진 분'이라고 한다. 여기에서 천 개의 손이란 많은 몸이라는 의미와 통하며, 천 개의 눈이란 세상의 모든 소리를 관조(관세음)하는 눈을 뜻한다.

관세음보살은 현실적인 모든 문제를 해결해주는 기도의 대상이다. 다이소에서 백화점까지, 소소한 문제에서 명품 같은 큰 사건까지 관세음보살은 우리의 모든 아픔을 보듬어주는 분이다. 마치 일반병원은 내과·외과·치과처럼 각각 전공이 세분화되어 있지만, 종합병원은 각 병에 맞는 전체 병원이 세팅되어 있는 것처럼 말이다.

관세음보살은 그 사람의 문제에 맞추어 천수천안을 발휘한다. 그러므로 간절한 기도를 올리면 반드시 합당한 가피를 받는다.

이 때문에 한국불교를 대표하는 기도는 관음기도며, 사찰의 달력에는 매달 24일이 관음재일로 표기되어 있다. 또 거의 모든 사찰에서 제일 중요한 기도로 관음기도를 꼽곤 한다.

관음기도는 한국불교의 기도를 대표하며, 또 관세음보살은 대승불교에서 어떤 부처님보다도 인기가 있는 분이다. 이 때문에 관세음보살과 관련한 다양한 가피 이적과 영험에 대한 내용들이 전하고 있다.

관세음보살과 관련해서는 멀리 의상대사가 관세음보살을 친견하고 낙산사와 홍련암을 창건한 일이 『삼국유사』「낙산이대성관음정취조신洛山二大聖觀音正趣調信」에 기록되어 있다.

또 설악산 백담사 오세암의 원래 이름은 관음암이었는데, 관세음보살이 5세 동자를 거둬 살려준 일로 인해 오세암으로 이름이 바뀌게 되었다. 이 오세암은 대표적인 관음도량이다. 백담사에서 출가하고 오세암에서 기도한 만해 한용운이 후일 첩자로 몰려 총상을 당한 상태에서, 관세음보살을 친견하고 가르침을 받아 생명을 구한 일화는 유명하다.

이외에도 특기할 만한 유물로는, 추사 김정희가 제주도 유배 시절에 직접 써서 소매에 넣고 다니며 암송한 작은 판본의 『관음경』을 들 수 있다. 이는 조선 후기에 이르러 관음신앙이 불교를 넘어서 유교에도 폭넓은 영향을 미쳤다는 한 방증이 된다.

관세음보살 기도법

관세음보살 기도 역시 앞선 아미타불, 약사여래, 미륵불의 경우와 같이
경전을 읽는 것과 칭명염불을 하는 것의 두 가지 방법이 있다. 앞의 예
에 준하여 각각 제시해보면 다음과 같다.

『관음경』 독송 기도

♨ 순서

분향 ➡ 3배 ➡ 발원(원하는 것을 세 번 아룀) ➡ 『관음경』을 독송하
며, 관세음보살의 자비구제를 생각함 ➡ 관세음보살 정근(여기
서는 독송이 기도의 중심이므로 정근은 짧게 함)

◉ 정근

나무 보문시현 원력홍심 대자대비 구고구난 관세음보살
南無 普門示現 願力弘深 大慈大悲 救苦救難 觀世音菩薩

관세음보살 ➡ (계속) ➡ 관세음보살

관세음보살 멸업장진언
觀世音菩薩 滅業障眞言

옴 아로륵계 사바하 (3번)

구족신통력 광수지방편

시방제국토 무찰불현신 고아일심 귀명정례

具足神通力　廣修智方便

十方諸國土　無刹不現身　故我一心　歸命頂禮

원멸 사생육도 법계유정 다겁생래죄업장

아금참회계수례 원제죄장실소제 세세상행보살도

원이차공덕 보급어일체 아등여중생

당생극락국 동견무량수 개공성불도

마지막으로 『반야심경』을 봉독하며 기도를 원만히 마친다.

관세음보살 칭명염불 기도

⊙ 관세음보살을 모셨다고 생각하며 기도를 행함.

🔥 순서

분향 ➡ 3배 ➡ 발원 ➡ 108배 ➡ 관세음보살 정근(관세음보살의

모습이나 명호를 관상하고 염주를 돌리며 칭명염불을 함)

⟐ 정근

나무 보문시현 원력홍심 대자대비 구고구난 관세음보살

관세음보살 ➡ (계속) ➡ 관세음보살,

관세음보살 멸업장진언

옴 아로륵계 사바하 (3번)

구족신통력 광수지방편
시방제국토 무찰불현신 고아일심 귀명정례

소원(관세음보살께서 자신의 소원을 들어주는 것을 세 번 생각함) ➡ **회향**

⟐ 회향

원멸 사생육도 법계유정 다겁생래죄업장
아금참회계수례 원제죄장실소제 세세상행보살도

원이차공덕 보급어일체 아등여중생
당생극락국 동견무량수 개공성불도

마지막으로 『반야심경』을 봉독하며 기도를 원만히 마친다.

지장보살 기도 방법과 성취

지장보살이란?

지장보살은 관세음보살과 함께 동아시아 대승불교를 대표하는 양대 보살이다. 어떤 의미에서는 보살계의 투톱 체제라고 해도 과언이 아니다. 이 때문에 사찰의 달력에는 매월 음력 24일 관음재일과 함께 지장재일(음력 18일)이 함께 표시된다.

관세음보살이 바다와 관련되었다면, 지장보살은 모든 것을 보듬어주고 감싸주는 대지와 같은 존재다. 그래서 명칭도 '대지 같은 감싸 안음' 즉 지장地藏이다.

관세음보살은 아미타불을 도와드리는 보살인 동시에, 남인도 보타락가산에서의 독자적인 위상을 확보하는 이중적인 모습을 보인다. 이에 비해 지장보살은 어떤 부처님과도 관련 없이 언제나 독립적인 위상을 확보하였다. 이는 지장보살의 독보적이고 강력한 위치를 잘 나타내준다. 실제로 〈고려불화〉와 〈조선불화〉에서 지장보살은 보살임에도 주위에 8대 보살을 거느리는 한 차원 높은 면모를 드러내고 있다. 이는 일반 보살들에 비교할 수 없는 한 단계 높은 보살이 지장보살이라는 점을 단적으로 나타낸다.

지장보살은 석가모니불이 열반하시고 미륵불이 출현하기까지 중간 시대인, 부처님이 안 계신 즉 무불無佛시대를 관장하는 보살님이다. 부처님 부재 시에 대리권을 행사하는 보살이 지장보살인 셈이다. 이와 같은 내용은『대승대집지장십륜경大乘大集地藏十輪經』의「서품」에서 확인할 수 있다. 지장보살은 미륵이 오기 전까지 이 세계에서 절대적인 위상을 가진 분이라고 하겠다.

하지만 지장보살에 대한 이해는 조상숭배가 발달한 동아시아에서 사후 세계와 '지옥에서 구제'라는 쪽으로 쏠리는 모습을 보인다. 즉 지장보살을 지옥구제 보살이라는 측면에서 이해하는 것이다. 이와 같은 인식이 굳어진 이유는 흔히『지장경』이라고 불리는『지장보살본원경地藏菩薩本願經』에 지장보살이 "모든 지옥중생

을 구원하기 전에는 성불하지 않겠다"는 대원을 세우는 존재로 묘사되기 때문이다.

　　인류의 종교 전통에서 지옥에 가지 않는 법은 있어도 깨친 존재가 지옥에 빠진 이들을 구원하기 위해 스스로 지옥으로 가는 경우는 없었다. 이런 점에서 지장보살의 서원을 '특별히 위대한 서원'이라고 해서 '대원大願'이라고 한다. 따라서 지장보살을 흔히 '대원본존大願本尊 지장보살'이라고 부른다.

　　지장보살과 관련해 앞서 언급한 『대승대집지장십륜경』과 『지장경』에 『점찰선악업보경占察善惡業報經』이 더해져 『지장삼부경地藏三部經』을 구성한다. 어떤 방식으로든 삼부경의 형태가 존재한다는 것은 이 신앙이 동아시아 불교에서 대단히 유행했다는 것을 의미한다.

　　당나라 말기가 되면 $7 \times 7 = 49$재와 관련된 십대왕 즉 시왕신앙이 정착되는데, 이를 주관하는 보살이 바로 지장보살이다. 이 때문에 지장보살을 '유명교주幽冥教主' 즉 사후 세계의 최고 리더라고도 칭한다. 또 이는 유교 및 동아시아의 조상숭배와 관련하여 지장신앙이 크게 확대된 것을 의미한다.

　　십대왕의 심판과 시왕신앙
❶ 진광대왕 — 사후 7일째 심판
❷ 초강대왕 — 사후 2×7일째 심판

❸ 송제대왕 — 사후 3×7일째 심판

❹ 오관대왕 — 사후 4×7일째 심판

❺ 염라대왕 — 사후 5×7일째 심판

❻ 변성대왕 — 사후 6×7일째 심판

❼ 태산대왕 — 사후 7×7일째 심판   ➡ 49재

❽ 평등대왕 — 사후 100일째 심판   ➡ 100일재

❾ 도시대왕 — 사후 1년 심판   ➡ 소상

❿ 전륜대왕 — 사후 3년(만2년) 심판   ➡ 대상

　　실제로 유교가 강조된 근세부터 지장신앙은 유교의 조상숭배 문화 속에서 더욱 강력한 모습을 보인다. 이는 지장보살을 모신 전각이 사찰 안에서 지장전·명부전·시왕전으로 존재하며, 또 〈삼장보살도三藏菩薩圖〉나 〈우란분경변상도盂蘭盆經變相圖〉(감로도) 속에도 존재하는 것을 통해서 확인할 수 있다.

지장보살 기도의 공덕

지장보살의 중생구제 폭은 본래 관세음보살에 필적할 정도로 넓었다. 하지만 어느 순간부터 관음신앙과 지장신앙은 성격이 완전히 구별되기 시작한다. 즉 관음신앙이 현세 고통 속에서의 구제라면, 지장신앙은 사후의 구원과 천도 등 조상숭배와 밀접한 관계를

가지게 된다.

관음신앙 — 현세 구원에 초점이 맞춰져 있음
지장신앙 — 사후 구원에 초점이 맞춰져 있음

지장보살은 오늘날로 치면 국가권력도 어쩌지 못하는 다국적 초대형 로펌을 이끄는 분 정도로 이해하면 된다. 실제로 최근 화제가 된 영화 〈신과 함께〉의 원작 웹툰에서는 지장보살을 지옥 변호사 학교를 설립한 총장으로 묘사하고 있다.

지장보살은 설혹 망자에게 많은 잘못이 있더라도 작은 선행을 부각하여 망자를 구원한다. 즉 작은 선을 북돋아 많은 악이 있더라도 일단 구제해놓고 교화하는 것이다. 이로 인해 시왕도에는 지옥에서 구제력을 펼치는 지장보살의 모습들이 그려져 있다.

또 지장보살은 손바닥 위의 명주明珠를 통해서 망자의 지난 과거를 살핀다. 휴대용 업경대業鏡臺라고 이해하면 되는데, 오늘날로 치면 그 사람의 행위가 전부 녹화되는 CCTV라고 하겠다. 또 여섯 개의 고리가 달린 지팡이 즉 육환장六環杖도 가지고 있는데, 이는 지옥문을 두드려서 여는 일종의 만능키 같은 역할을 한다. 지장보살은 지옥중생의 제도를 위해서 최적화된 모습인 셈이다.

지장기도를 통한 가피 영역은 실로 다양하다. 먼저 살았을 때 죽음복을 닦는 불교의 윤달 의례인 생천예수재生前預修齋를 생각해볼 수 있다. 일반적으로 윤달에 예수재를 하거나 수의를 장만하면 더욱 다복하게 오래 산다고 믿어왔다. 이는 죽음을 환기해서 삶을 보람차게 하는 동시에 사후의 안전장치를 통해 보다 행복한 현재를 구현하는 측면이 있다. 독일의 실존주의 철학자 하이데거는 행복론에서 "죽음을 관조하는 사람만이 가장 행복한 삶을 영위할 수 있다"고 했다. 인간은 자신이 시한부 인생이라고 생각할 때, 가장 후회 없고 만족도가 높은 현명한 선택을 할 수 있다는 말이다.

또 『상서尚書』 「홍범洪範」에서 5복 중 하나라 칭한 '고종명考終命' 즉 편안한 임종에 관해서도 생각해볼 수 있다. 이는 요즘 식으로 치면 '멋있게 노년을 잘 보내는 웰에이징well-aging'과 '편안히 삶을 마감하는 웰다잉well-dying'에 해당하기 때문이다.

여기까지는 지장신앙과 관련된 산 사람의 측면이다. 다음으로 망자와 관련된 것으로는 49재와 천도재 그리고 영산재와 수륙재 및 우란분재가 있다. 49재는 돌아가신 지 49일 안에 하는 불교 의례로 사후 심판이 끝나기 전에 죄를 경감하고 망자를 천상이나 극락으로 보내는 의식이다. 49일이 지나면 천도재 영역으로 넘어가므로 다시 하기는 불가능하다. 즉 단 한 번밖에 기회가 없는 일회성 의식인 셈이다.

천도재는 49재를 미처 지내지 못했거나 사망일이 불명확한 경우, 또는 오래전에 돌아가셨는데 뭔가 석연치 않은 망자들에게 하는 의식이다. 이런 천도재 중에 가장 성대한 행사가 바로 영산재와 수륙재다. 또 매년 음력 7월 15일, 백중 때 정기적으로 하는 우란분재도 이러한 천도재 영역에 해당한다.

49재가 형이 확정되지 않은 미결수에 대한 사법심리라면, 천도재는 기결수로 이미 복역하고 있는 죄인의 광복절 특사를 추진하는 일이다. 그런 점에서 볼 때 49재와 천도재는 방식 면에서는 서로 비슷하지만 내용상으로는 완전히 다른 의례라고 하겠다. 다만 두 의식의 정점에 지장보살님이 존재하신다는 점에서는 같다.

유교에서는 직계인 부계 조상만 제사의 대상이 된다. 하지만 불교의 천도 대상은 일반적인 부계에 포함되지 않는 사망한 동생이나 모계, 또는 자녀나 낙태된 수자령 등도 포함된다. 이외에도 먼 친척이나 친구 및 이웃 등 나와 관련된 망자 중에서 마음이 쓰이는 분은 누구라도 가능하다. 즉 지장기도를 통해서 가까이는 부모와 수자령 등을 천도할 수 있고, 멀리는 누구든 나와 가까웠던 분들의 모든 천도가 가능한 것이다. 이렇게 천도를 하면, 망자에게 그 공덕의 7분의 1이 돌아가도 나머지 7분의 6은 나에게 쌓여 내 삶이 보다 윤택하고 행복하게 된다. 즉 천도는 사랑하는 사람으로서의 당연한 도리인 동시에 내가 발복하게 되는 최고의 지름길이다. 그러므로 죽어서 힘든 상황에 처한 망자와 나 자신을 위해서도 지장기도는 반드시 필요하다.

지장보살 기도법

지장보살 기도 역시 앞서 설명한 여러 기도들과 마찬가지로, 경전을 읽는 것과 칭명염불을 하는 것의 두 가지 방법이 있다. 앞의 예에 준하여 각각 제시해보면 다음과 같다.

『지장삼부경』 독송 기도

⊙ 일반적으로 『지장경』을 독송하며, 『점찰선악업보경』은 독송하지 않음

♨ 순서

분향 ➡ 3배 ➡ 발원(원하는 것을 세 번 아룀) ➡ 『지장경』 독송 및 아미타불과 극락세계를 생각함 ➡ 지장보살 정근(여기서는 독송이 기도의 중심이므로 정근은 짧게 함)

♨ 정근

나무 남방화주 유명교주 대원본존 지장보살

南無 南方化主 幽冥教主 大願本尊 地藏菩薩

지장보살 ➡ (계속) ➡ 지장보살

지장보살 멸정업진언

地藏菩薩 滅定業眞言

옴 바라 마니다니 사바하 (3번)

지장대성위신력 항하사겁설난진
견문첨례일념간 이익인천무량사 고아일심 귀명정례

地藏大聖威神力　恒河沙劫說難盡
見聞瞻禮一念間　利益人天無量事　故我一心　歸命頂禮

소원(지장보살께서 자신의 소원을 들어주는 것을 세 번 생각함) ➡ 회향(자신의 소원하는 바가 온 우주로 두루 퍼지면서 반드시 이루어지는 모습을 상상함)

💧회향

원멸 사생육도 법계유정 다겁생래죄업장
아금참회계수례 원제죄장실소제 세세상행보살도

원이차공덕 보급어일체 아등여중생
당생극락국 동견무량수 개공성불도

마지막으로 『반야심경』을 봉독하며 기도를 원만히 마친다.

지장보살 칭명염불 기도

⊙ 지장보살을 모셨다고 생각하며 기도를 행함

🕯 순서

분향 ➡ 3배 ➡ 발원 ➡ 108배 + 지장보살 정근(지장보살의 모습이나 명호를 관상하고 염주를 돌리며 칭명염불을 함)

◉정근

나무 남방화주 유명교주 대원본존 지장보살

지장보살 ➡ (계속) ➡ 지장보살

지장보살 멸정업진언

옴 바라 마니다니 사바하(3번)

지장대성위신력 항하사겁설난진
견문첨례일념간 이익인천무량사 고아일심귀명정례

소원(지장보살께서 자신의 소원을 들어주는 것을 세 번 생각함) ➡ 회향(자신의 소원하는 바가 온 우주로 두루 퍼지면서 반드시 이루어지는 모습을 상상함)

◉회향

원멸 사생육도 법계유정 다겁생래죄업장
아금참회계수례 원제죄장실소제 세세상행보살도

원이차공덕 보급어일체 아등여중생
당생극락국 동견무량수 개공성불도

마지막으로『반야심경』을 봉독하며 기도를 원만히 마친다.

문수보살 기도 방법과 성취

문수보살이란?

문수보살은 만수실리曼殊室利(Mañjuśri)라는 출가 승려였다. 이 만수
실리가 문수사리文殊師利로 음역되었고, 다시 '문수'로 축약되어 흔
히 문수보살로 불리게 된다. 문수는 문수사리법왕자보살文殊師利法
王子菩薩이라고도 불리는데, 여기에서 법왕자法王子란, 법왕인 부처
님의 아들이라는 뜻으로 출가인을 의미한다. 부처님의 아들이라는
의미가 크게 부각되어서인지, 문수는 문수동자같이 동자승의 모습
으로 나타나기도 한다. 대표적인 예가 평창 오대산 상원사에서 세
조가 친견하고 이를 기념해서 조성했다는 설화를 간직한 국보 제
221호 〈상원사 문수동자상〉이다.

문수는 지혜를 상징하는 보살로 푸른 사자를 타고 푸른 검을 든 모습으로 표현된다. 인도는 매우 무더운 아열대기후이므로 파란색은 청량한 이미지로서 이상적인 의미를 가진다. 이 때문에 푸른색은 시원한 지혜를 나타낸다. 또 사자는 인도 전통에서 지혜로운 동물을 의미하며, 칼은 명확한 판단을 뜻한다. 즉 문수의 전체적인 의미는 '시원하고 명쾌한 지혜'로 집약할 수 있다.

문수보살은 보현보살과 더불어 석가모니를 모시고 교화를 돕는 협시보살이다. 또 문수와 보현은 진리를 상징하는 부처님인 비로자나부처님의 교화를 돕는 좌우보처이기도 하다. 즉 관세음보살이 아미타불의 극락세계와 지금 우리가 살고 있는 이 세계인 두 곳에 모두 거처한다면, 문수와 보현은 석가모니불과 비로자나불의 두 부처님을 돕는 투잡 보살인 셈이다.

『화엄경』「(제)보살주처품」에 의하면, 문수보살이 사는 곳은 동북방에 위치한 청량산淸涼山이며 이곳에서 문수보살은 1만 보살 권속들에게 가르침을 설한다고 되어 있다. 청량산이란 시원한 산이라는 의미로, 여기에서 동북방이라는 방위를 근거로 중국인들은 오늘날 베이징 서남쪽에 위치한 산시성 우타이산五臺山을 청량산으로 비정했다. 이 '우타이산 = 청량산 신앙'이 신라 선덕여왕 때 자장율사에 의해 신라의 동북방으로 이식된 것이 바로 평창의 오대산이다. 이렇게 해서 오대산은 한국불교사상 최초로 산 전체가 신앙의 대상인 성산聖山 문화를 확립하게 된다.

상원사 문수동자상. 문수보살은
지혜의 주관자다. 이런 점에서 문수
기도는 공부나 입시 또는 취업에
관한 합격 및 진급 등에 절대적인
영향력을 가진다.

문수신앙은 당나라 중기에 이르면 사찰과 국가를 수호하는 중심 신앙으로 확대된다. 이로 인해 당시 전국 사찰에는 문수보살을 모신 문수전이 건립되었다. 이 같은 영향으로 724년 문수보살의 화신으로 평가되는 행기行基(668~749)는 일본 고치高知현 고치시에도 오대산을 개착한다. 또 실크로드의 관문인 둔황의 제61굴에는 거대한 규모의 〈오대산도五臺山圖〉가 그려져 있으며, 송나라 때는 중앙아시아의 서하西夏에도 오대산이 개창된다. 즉 문수신앙은 일세를 풍미한 동아시아 대승불교의 대표 신앙이었던 것이다.

문수보살 기도의 공덕

문수보살은 지혜의 주관자다. 이런 점에서 문수 기도는 공부나 입시 또는 취업에 관한 합격 및 진급 등에 절대적인 영향력을 가진다. 관세음보살이 종합병원이라면, 문수보살은 공부와 관련된 최고의 전문의료기관인 셈이다. 마치 에이스침대가 가구 중에서 침대만 생산하는 전문기업인 것처럼 말이다.

과거에는 자손이 많은 것이 대단한 복이었다. 때문에 석류나 포도 또는 수박같이 열매 안에 씨앗이 많은 과일이 다산을 상징한다고 하여 풍요의 의미로 각광 받았다. 하지만 오늘날에는 자녀가 한 명인 것이 보통이며 많아야 두 명이 고작이다. 오죽하면 셋이면 다둥이에 애국자라는 말까지 들을 정도겠는가! 자녀 수가 적다 보니 자녀가 공부를 잘하는 것이야말로 가정의 행복에는 매우 중요한 부분이 된다. 이런 점에서 문수 기도는 자손과 관련해서 더할 나위 없이 소중하다. 또 학습은 후천적인 노력도 중요하지만 인간의 지능은 선천적인 영향이 크다는 점에서, 문수 기도는 아기를 가지기 전이나 태교 시에 함께 진행하는 것이 좋다. 즉 태어날 때 명석한 아이를 출산하기 위해서 문수 기도는 필수라는 말이다.

또 아이가 성장함에 따라 우리 사회 구조는 많은 경쟁과 시험에 노출될 수밖에 없다. 확실한 실력 차이가 존재한다면 모르지만, 그렇지 않을 경우에는 운과 같은 변수도 일정 부분 영향을 미치는 것이 사실이다. 바로 이 부분에 문수보살의 가피가 필요하다. 또 시험에 합격한다고 해도 이후 진급 등에서도 문수보살의 가피는 매우 절실하다. 예전에는 자녀가 많아서 상대적인 다양성이 존재할 수 있었다. 하지만 오늘날에는 선택의 여지가 없으므로 그만큼 문수기도의 가피는 더욱 중요하다.

문수보살의 가피와 관련해서 가장 유명한 일화는 자장율사가 중국 우타이산에서 문수보살을 친견하고 부처님의 가사와 사리를 받은 사건이다. 이후 자장율사는 이 성물聖物들을 모시고 신라로 돌아와 경주 황룡사와 울산 태화사, 양산 통도사와 평창 오대산 중대에 봉안한다. 그 뒤 황룡사와 태화사는 사라졌지만, 통도사에는 오늘날까지 부처님과 자장율사의 가사가 전해지고 있다. 이렇게 모신 부처님의 사리가 보궁신앙으로 발전하여 후일 태백산 정암사와 사자산 법흥사 그리고 설악산 봉정암이 더해진 5대 보궁의 형태를 갖추게 된다.

우리나라에서는 세조의 난치병 치료에 관한 문수보살 이야기가 유명하다. 단종의 왕위를 빼앗은 세조는 단종의 어머니인 현덕왕후의 저주로 온몸에 치명적인 창병이 발생한다. 세조는 오대산 상원사를 중창하고 낙성식에 참석하게 되는데, 이때 창병의 고름과 무더위에 지친 몸을 계곡에서 씻고 있었다. 그런데 그 계곡 옆으로 한 동자승이 지나갔다. 세조는 동자승에게 등을 밀어 달라고 한 뒤, 어디 가서 임금의 몸을 보았다는 말을 하지 못하도록 입단속을 시킨다. 왕조 국가에서는 임금의 권위가 매우 중요했기 때문에 이런 경우 죽여서 입을 막는 경우가 일반적이었다. 하지만 독실한 불교 신자였던 세조는 동자승을 차마 죽일 수 없어 이와 같이 말한 것이다. 이에 동자승은 "임금께서도 문수동자가 나타나 등을 밀어주었다는 말을 하지 말라"고 한 뒤 홀연히 사라진다.

이에 깜짝 놀란 세조가 자신이 친견한 문수동자를 그림으로 그리게 하고, 이를 바탕으로 상이 만들어지게 된다. 이 상이 바로 어린 동자의 모습을 하고 있는 국보 제221호 〈상원사문수동자상〉이다. 실제로 1984년 7월 동자상 안에서 세조의 피 묻은 적삼과 발원문 등이 발견되면서 전설의 실체가 역사가 되는 사건이 일어나기도 했다. 이 복장유물은 이후 〈상원사 목조문수동자좌상 복장유물〉이라는 이름으로 보물 제793호로 지정된다.

사찰에서 문수보살은 대웅전의 석가모니불 왼쪽 옆 즉 우리가 바라보는 정면 오른쪽에 모시는 경우가 일반적이다. 문수보살만을 모신 문수전은 드물다. 이는 문수신앙이 독립적인 위치를 유지하지 못하고, 석가모니불이나 비로자나불 신앙 속으로 편입되어 존재하기 때문이다. 하지만 오대산 중대 사자암이나 상원사 또는 북한산 문수사나 영동 반야사 등에는 문수전이 중심 불전으로 갖추어져 위용을 자랑하고 있다. 이는 이들 사찰이 한국불교의 문수신앙을 대표하기 때문이다.

사실 북쪽의 오대산과 더불어 지리산 역시 문수보살의 성산이다. 지리산의 '지리'를 한자로 쓸 때 지리智異 또는 지리智利 등을 사용한다. 이 중 앞의 것은 '대지大智의 이인異人'이라는 뜻이며, 뒤는 '대지 문수사리'의 축약 형태다. 즉 두 경우 모두 문수보살을 가리킨다. 실제로 문수보살을 한국불교에서 가리키는 '오봉성주五峰聖主'라는 말은 '오대산의 오대'와 '지리산의 오봉'을 아울러 의미하기도 한다.

오늘날 지리산에는 영산에 걸맞은 많은 사찰들이 산재해 있다. 이 중 쌍계사, 화엄사, 천은사는 지리산을 대표하는 삼대사찰로 일컬어진다. 그럼에도 문수보살을 주축으로 모시는 사찰이 없는 것은 문수신앙의 위축을 반영하는 듯해 쓸쓸한 아쉬움을 남긴다.

끝으로 문수 기도와 관련하여 『송고승전』 「오대산화엄사무착전五臺山華嚴寺無著傳」에는 중국 당나라 때 무착선사가 오대산에서 문수보살을 친견하고 들었다는 게송이 기록되어 있다. 이 게송은 오늘날까지도 널리 전해져 많은 사람들에게 아름다운 여운을 불러일으킨다. 절에 다니는 분들이라면 누구나 한 번쯤 들어보았을 듯한데, 막상 이것이 문수보살의 게송이라는 것을 아는 분은 생각보다 많지 않다.

159

성 안 내는 그 얼굴이 참된 공양구요　　　面上無瞋供養具

부드러운 말 한마디 미묘한 향이로다　　　口裏無瞋吐妙香

깨끗해 티가 없는 진실한 그 마음이　　　心裏無瞋是珍寶

언제나 한결같은 부처님 마음이네　　　無染無垢是眞常

문수보살 기도법

문수보살은 『화엄경』 등 다양한 대승경전에 두루 나온다. 하지만 『문수
반야경』 즉 『문수사리소설마하반야바라밀경文殊師利所說摩訶般若波羅蜜經』
이나 『문수사리문경文殊師利問經』 등의 소수 경전을 제외하고는 문수보
살이 주축이 되는 경전은 그리 많지 않다. 때문에 경전을 독송하기보다
정근을 위주로 하는 기도가 보다 일반적이다.

문수보살 칭명염불 기도

⊙ 문수보살을 모셨다고 생각하며 기도를 행함

🪔 순서

분향 ➡ 3배 ➡ 발원 ➡ 108배 ➡ 문수보살 정근(문수보살의 모습
이나 명호를 관상하고 염주를 돌리며 칭명염불을 함)

🪔 정근

나무 삼세불모 오봉성주 칠불조사 대지문수사리보살
南無　三世佛母　五峰聖主　七佛祖師　大智文殊師利菩薩

문수보살 ➡ (계속) ➡ 문수보살

문수보살 대위덕심주
文殊菩薩　大威德心呪

옴 아미라 훔 카자라 (3번)

확주사계성가람 만목문수접화담
언하부지개활안 회두지견구산암 고아일심 귀명정례

廓周沙界聖伽藍　滿目文殊接話談
言下不知開活眼　回頭只見舊山巖　故我一心　歸命頂禮

소원(문수보살께서 자신의 소원을 들어주는 것을 세 번 생각함) ➡ 회
향(자신의 소원하는 바가 온 우주로 두루 퍼지면서 반드시 이루어지는
모습을 상상함)

🔹회향
원멸 사생육도 법계유정 다겁생래죄업장
아금참회계수례 원제죄장실소제 세세상행보살도

원이차공덕 보급어일체 아등여중생
당생극락국 동견무량수 개공성불도

마지막으로 『반야심경』을 봉독하며 기도를 원만히 마친다.

일천불 및 삼천불 기도 방법과 성취

불교의 시공관, 일천불과 삼천불

그리스도교가 여호와라는 유일하고 절대적인 신을 숭배하는 종교라면, 불교는 부처님이나 보살님을 중심으로 진리를 숭배하는 종교다. 진리를 깨달아 체득한 분이 부처님이며, 이렇게 되도록 헌신적으로 인도해주시는 분들이 바로 보살님들이다. 그리고 궁극적으로는 우리도 보살님이나 부처님이 되는 것이 불교의 목적이다. 즉 마침내 진리를 체득하여 깨침이라는 대자유를 얻고, 현실적으로 진리를 가까이하여 모든 삿됨이 다가오지 못하도록 하는 것, 이것이 불교이다. 이는 빛이 있으면 어둠이 사라지는 것과 같다. 이 과정에서 선각자인 불보살님과 파장을 맞추면 가피가 나타나게 된다. 회사로 비유하면, 불보살님은 회장과 사장님 같은 분들로 이분들은 우리를 도와주는 동시에 우리 역시 따르고 배워야 하는 구조라고 하겠다.

불교가 진리 중심적이다 보니, 진리를 깨친 분은 누구나 부처님이 된다. 이로 인해 이 세계 이외에도 다양한 세계에 걸쳐 다수의 여러 부처님들이 계신다. 천문학자 칼 세이건은 "우주에 생명체로 인간만 존재하는 것은 우주를 낭비하는 것"이라고 말한 바있다. 즉 이 우주에는 우리 이외에도 다양한 고등생물들이 존재할수 있으며, 이들 중에는 진리에 관심이 있고 이를 깨친 분들이 존재하는 것도 충분히 가능하다는 말이다.

불교의 세계관에서는 같은 수평 공간 속에 다양한 부처님들이 동시에 존재한다고 본다. 이를 '타방불他方佛'이라고 한다. 대표적인 부처님이 서방의 아미타불과 동방의 약사여래불임은 앞서 언급한 바 있다. 그런데 누구나 진리를 터득하면 부처님이 된다는 관점에서는 이런 타방불 외에도 이 세계 안의 다른 시간대에 다양한 부처님들이 존재한다. 이를 시간대가 다르다고 해서 '타시불他時佛'이라고 하는데, 이는 신라에 56대 임금이 있었고 고려에 34대 왕이 존재하며 조선에 27대 임금들이 있었던 것과 유사하다.

불교의 타시불은 각각의 거대한 시간대에 따라 세 가지로 구분된다. 이를 과거 장엄겁과 현재 현겁 그리고 미래 성수겁이라고 한다. 그리고 이 거대한 시간대에는 각각 천 분의 부처님들이 존재한다. 즉 과거 – 현재 – 미래의 거대한 세 가지 시간 사이클 속에 3000분의 부처님이 계시는 것이다. 우리 역사로 말한다면, 신라 → 고려 → 조선 같은 상황에서 각각 그 속에 천 분의 부처님이 존재한다고 이해하면 되겠다.

스님, 기도는 어떻게 하는 건가요?

과거, 현재, 미래의 삼세에 존재하는 삼천불에 대해 알 수 있는 경전은 각각 『과거장엄겁천불명경過去莊嚴劫千佛名經』, 『현재현겁천불명경現在賢劫千佛名經』, 『미래성수겁천불명경未來星宿劫千佛名經』이 있다. 이외에도 대장경 안에는 여러 불보살의 명호들이 기록되어 있다. 이를 통해 보면, 과거 장엄겁의 일천 부처님은 ① 화광불부터 … ⑨⑨⑧ 비바시불 → ⑨⑨⑨ 시기불 → ⑩⑩⑩⑩ 비사부불까지다. 현재 현겁의 일천 부처님은 ① 구류손불 → ② 구나함모니불 → ③ 가섭불 → ④ 석가모니불 → ⑤ 미륵불 → ⑥ 사자불 … ⑩⑩⑩⑩ 누지불까지다. 그리고 미래 성수겁의 일천 부처님은 ① 보화보조승불 … ⑩⑩⑩⑩ 수미상불까지다. 오늘날 우리가 살고 있는 시간대는 석가모니불과 미륵불의 사이이므로 전체 삼천불의 구조 속에서 본다면, ⑩⑩⑩④ 불과 ⑩⑩⑩⑤ 불 사이에 존재한다고 하겠다.

천불과 삼천불 기도 공덕

3세 삼천불을 받들어 모시는 것을 삼세삼천불신앙이라고 한다. 이 때의 기도는 『과거장엄겁천불명경』, 『현재현겁천불명경』, 『미래성수겁천불명경』의 세 권을 합본한 『삼천불명호경』을 읽으며 삼천배를 올리는 방식으로 진행된다. 즉 과거, 현재, 미래의 삼천 부처님들께 한 번씩이라도 예를 갖춰 절을 올리며 공덕을 찬탄하는 기도 방법인 셈이다. 하지만 3000이라는 수가 결코 적지 않으므로 이런 경우 보통 일주일이나 열흘 정도로 나눠서 하게 된다. 또 상황에 따라서는 우리가 속해 있고, 석가모니와 미륵불이 속해 있는 현재 현겁의 일천불만을 위해서 절을 하기도 한다.

 사찰에서 일천불이나 삼천불을 모시는 전각을 천불전이나 삼천불전이라고 한다. 이런 많은 수의 다불多佛을 모신 전각의 구조는 먼저 앞쪽 수미단須彌壇에 석가모니불을 본존으로 해서 좌우에 미륵보살과 제화갈라보살(연등불의 보살 명칭)을 크게 모신다. 그리고 그 뒤쪽 배후로 작은 부처님들을 가득히 배치하는 것이 일반적이다. 석가모니불이 중심이 되는 이유는 이분들은 모두 석가모니 부처님의 가르침을 통해서 존재가 확인되는 부처님들이기 때문이다. 즉 망원경으로 보면 육안으로는 보이지 않던 많은 별들을 보게 되는 것처럼, 3세라는 여러 시간대 속의 부처님들을 석가모니불의 말씀을 통해서 인지해보는 것이다. 그러므로 석가모니불이 일천불이나 삼천불의 중앙에 위치하게 된다.

　　어린 시절 부모님들이 위인전을 읽으라고 하는 것은 이를 통해서 자녀가 올바른 가치관을 확립하고 세상을 위한 큰 인물이 되기를 바랐기 때문이다. 이런 점에서 본다면, 일천불이나 삼천불의 모든 분들께 절을 올리며 예경하는 것은 위인전을 읽는 것과는 비교되지 않는 진리를 친근하는 주체적인 노력이라고 할 수 있다. 하지만 이런 기도는 쉽지 않기 때문에 음력설이 시작된 후 새로운 한 해를 잘 보내기 위한 정초 기도 기간에나, 또는 2월 8일부터 2월 15일 사이의 출가열반재일 때의 대정진 기간에 시행되곤 한다. 물론 부처님오신날이나 12월 8일 성도재일을 기념해서 부처님을 생각하는 특별 정진을 하는 것도 가능하다.

　　불교는 진리를 숭배하는 종교지만, 진리 자체는 형체가 없는 대상이므로 의지처가 될 수 없다. 이런 점에서 부처님은 우리의 의지처인 동시에 나침반 같은 역할을 하는 존재다.

　　나는 중국 뤄양의 룽먼 석굴이나 다통의 원강 석굴을 좋아한다. 그 이유는 룽먼 석굴에는 14만이 넘는 불보살님들이 모셔져 있고, 원강 석굴에도 5만 이상의 불보살님들이 계시기 때문이다. 이런 성스러운 곳에서 단지 3배만 올리더라도 각각 45만 번과 15만 번 이상을 부처님께 절을 올리는 복덕이 생긴다. 이런 점에서 천불전과 삼천불전은 사찰 안에서 가장 쉽게 큰 복덕이 발생하는 장소라고 하겠다. 이런 많은 부처님들을 생각하면서 각각의 부처

중국 뤄양에 있는 룽먼 석굴의 봉선사 노사나불. 룽먼 석굴에는 14만이 넘는 불보살님이 모셔져 있다. 이런 성스러운 곳에서 단지 3배만 올리더라도 45만 번 이상 부처님께 절을 올리는 복덕이 생긴다.

님께 예를 갖춰 절을 올릴 수 있다면, 그 가피공능이 무척 크다는 것은 의심의 여지가 없다.

천불이나 삼천불 기도는 복덕이 적은 박복한 분들이 단시간에 복력을 확충하는 방법으로 좋다. 아무래도 인생을 살다 보면 복이 있어서 일이 스스로 되는 경우야말로 가장 안락하고 평안한 삶을 사는 첩경이기 때문이다. 모든 부처님은 복력이 충만하신 분이다. 이런 점에서 일천불이나 삼천 부처님을 친근하고 공경하는 것은 개인과 가정의 복력증장에 탁월한 가피가 있어 나와 내 가족들의 기쁨과 행복을 불러오기에 충분하다.

일천불과 삼천불 기도법

일천불이나 삼천불께 기도 드리는 방법은 앞서의 칭명염불에 따른 정
근이 아니라 이분들의 명호를 낱낱이 부르면서 올리는 절 기도다. 이런
점에서 이 기도는 사찰의 기도 중에서 가장 힘든 기도인 동시에 절 기
도 중에서도 최고에 속하는 복덕의 보고라고 하겠다.

일천불과 삼천불 절 기도

◉ 일천불과 삼천불을 모셨다고 생각하며 기도를 행함

🪔 순서

분향 ➡ 3배 ➡ 발원 ➡ 1000배 또는 3000배(『천불명호경』이나『삼
천불명호경』을 따라서 부처님의 명호를 부르고 생각하면서 예경함) ➡ 입정
(절을 한 뒤 호흡과 지친 심신을 가다듬는 의미에서 바로 앉아 고요하게 자신
의 내면을 관조함) ➡ 소원(천불 또는 삼천불 부처님께서 소원을 들어주는
것을 세 번 생각함) ➡ 회향(자신의 소원하는 바가 온 우주로 두루 퍼지면서
반드시 이루어지는 모습을 상상함)

🪔회향
원멸 사생육도 법계유정 다겁생래죄업장
아금참회계수례 원제죄장실소제 세세상행보살도

원이차공덕 보급어일체 아등여중생
당생극락국 동견무량수 개공성불도

마지막으로 『반야심경』을 봉독하며 기도를 원만히 마친다.

나한 기도 방법과 성취

나한이란?

나한은 산스크리트어 아라한arhat의 음역으로, 아라한이란 수행을 통해서 진정한 사람으로 거듭난 진인眞人을 일컫는다. 또 마땅히 공양 받을 분이라고 해서 응공應供이라고도 하며, 더 이상 배울 것이 없다는 의미에서 무학無學이라고도 한다. 무식한 무학자가 아니라 더 추가될 것이 없는 가득 찬 무학자인 셈이다.

　　아라한은 부처님의 수행을 성취한 탁월한 제자들을 말한다. 인도불교의 이상 중에는 윤회에서 벗어나는 것이 있다. 아라한은 바로 이런 윤회의 사슬에서 벗어난 분들을 가리킨다.『잡아함경』등의 초기경전에는 아라한이 된 분들이 스스로의 깨달음을 자각하고 읊는다는 이른바 '아라한 게송'이 있다.

　　나의 생은 다하고 범행은 섰으니,
　　할 일을 마쳐 다음 생 받지 않을 것을 안다.

　　즉 윤회의 굴레에서 벗어나 대자유의 행복을 얻으신 분, 이 분들이 바로 아라한이다. 부처님은 탁월한 교사이자 교육자셨다. 실제로 부처님을 가리키는 칭호 중에는 조어장부調御丈夫라는 말이 있는데, 이러한 의미를 가진 표현이다.

　　부처님 제자들 중에는 많은 아라한들이 있는데, 대표적인 분들이 16나한과 500나한 그리고 1250나한이다.

　　먼저 십육나한이란 아라한 중에서도 신통이 특히 뛰어난 열여섯 분을 가리키며, 부처님은 이분들로 하여금 영원히 입적하지 않고 이 세계 곳곳에 머물며 중생들의 바람을 들어줄 것을 당부하셨다. 이런 내용은 경우慶友(Nandimitra)존자가 찬술하고 현장법사가 번역한 『대아라한난제밀다라소설법주기大阿羅漢難提蜜多羅所說法住記』 즉 『법주기法住記』를 통해서 확인할 수 있다.

　　십육나한의 이름은 각각 ① 빈도라발라타사piṇḍola-bharadvāja ② 가낙가벌차kanaka-vatsa ③ 가낙가발리타사kanakabharadvāja ④ 소빈타subinda ⑤ 낙거라nakula ⑥ 발타라bhadra ⑦ 가리가kālika ⑧ 벌사라불다라vajraputra ⑨ 수박가jīvaka ⑩ 반탁가panthaka ⑪ 나호라rāhula ⑫ 나가

서나nāgasena ⑬ 인게타aṅgaja ⑭ 벌나파사vanavāsin ⑮ 아씨다ajita ⑯ 주도반탁가cūḍapanthaka다. 이 중에서 가장 신통이 뛰어난 분은 '주리반특'으로 더 잘 알려진 주도반탁가 나한이며, 그다음이 ① 빈도라발라타사존자다.

십육나한과 관련하여 흥미로운 점은 ⑥ 발타라존자가 "9백 아라한과 더불어 탐몰라주耽沒羅洲에 산다"고 기록되어 있다는 점이다. 이를 근거로 한국불교에서는 일찍이 이곳이 탐라국 즉 제주도라는 주장이 있어왔다. 즉 제주도 서귀포에 있는 존자암尊者庵이 바로 여기라는 것이다. 실제로 역사학자 이능화는 『조선불교통사』 「탐몰라주존자도량耽沒羅州尊者道場」에서, 이전의 전승을 인용해 "존자암은 발타라 존자의 이름을 딴 곳"이라고 기록하고 있다. 이렇게 놓고 본다면, 십육나한과 우리 불교 역시 관련이 깊은 듯하여 더욱 애착이 간다.

십육나한은 중국으로 불교가 전파되는 과정에서 두 분이 추가되어 십팔나한으로 변모한다. 여기에 추가되는 두 분은 『법주기』를 찬술한 경우존자와 번역자인 현장법사다. 책의 찬술자나 번역자가 책 속의 등장인물들 사이로 들어가 어깨를 나란히 한다는 것은 매우 특이한 변화다. 이 때문인지 후대로 가면 이 두 분이 빠지고 십육나한의 호위격으로 복룡나한伏龍羅漢 즉 용을 항복시킨 나한과, 복호나한伏虎羅漢 즉 호랑이를 항복시킨 나한이 상징적으로 들어가게 된다.

십팔나한이 유행하면서 중국 불교에서는 각 사찰마다 대웅전 안에 십팔나한이 배경으로 모셔지곤 한다. 우리 사찰의 신중단과 같은 역할을 십팔나한이 하고 있다고 이해하면 되겠다. 십팔나한 중 우리에게 가장 유명한 것은 중국 배우 이연걸의 데뷔작인 1979년 영화 〈소림사〉에 등장하는 '십팔나한진'이 아닐까 한다. 하지만 우리나라 사찰에서는 십팔나한은 찾아보기 어렵고, 절대다수가 십육나한일 뿐이다. 중국불교에서는 십육나한이 십팔나한으로 변모하지만, 우리 불교에서는 십육나한 전통이 유지되고 있는 셈이다.

십육나한은 영원히 열반하지 않고 이 세계 속에 흩어져 살면서 중생들의 고뇌와 문제를 해결해주는 신통력이 뛰어난 분들이다. 이는 이분들이 비교적 가까운 곳에 위치한 탁월한 능력자라는 의미가 된다. 그러므로 나한기도는 흔히 "가피가 빠르다"는 말이 통용되곤 한다.

오백나한은 정확히 어떤 분들을 지칭하는지 불분명하다. 『법화경』「오백제자수기품五百弟子受記品」에 등장하는 분들이 오백나한이라는 주장도 있으며, 또 부처님의 열반 후 경전 편찬 회의 때 참석한 1차 결집 인원인 500명이 이분들이라는 주장도 있다. 하지만 오백나한이나 오백 제자라는 표현은 초기불교부터 다양한 집단을 칭하는 표현으로 등장하고 있어 정확히 어떤 분들을 말하는 것인지 불분명하다.

영천 은해사 거조암의 오백나한상. 부처님의 초기제자인 사리불과 목건련 또는
마하가섭 등은 모두 500제자를 거느리고 등장한다. 이런 점에서 본다면 오백나한이란,
십육나한에서처럼 특정한 누군가나 어떤 집단을 지칭한다기보다는 '뛰어난 많은
아라한들'이라는 의미의 상투어라고 이해하는 것이 타당하다.

인도인들이 상투적으로 쓰는 '500'이란 단어는 '대단히 많다'는 뜻을 내포한다. 부처님의 초기제자인 사리불과 목건련 또는 마하가섭 등은 모두 500제자를 거느리고 등장한다. 이런 점에서 본다면 오백나한이란, 십육나한에서처럼 특정한 누군가나 어떤 집단을 지칭한다기보다는 '뛰어난 많은 아라한들'이라는 의미의 상투어라고 이해하는 것이 타당하다.

그런데 흥미로운 점은 중국불교에서는 우리와 달리 오백나한에 각각의 명호가 존재한다는 점이다. 그러나 여기에는 중국의 대표적인 역경승인 구마라집鳩摩羅什(344~413)이나 선불교의 전래자인 달마대사(6C)도 포함된다. 심지어 신라 승려도 있는데, 455번째 무상無相대사(681~762)와 479번째의 오진悟眞(8C)이다. 즉 중국불교에서 말하는 오백나한은 인도에서 유래한 것이라기보다 후대에 중국에서 조합된 일종의 어벤저스 같은 드림팀일 뿐이라는 말이다. 그러므로 오백나한이란 '신통이 탁월한 많은 나한들' 정도로 이해하는 것이 바람직하다.

끝으로 1250나한도 있는데, 이는 『금강경』의 도입구 등에서 흔히 확인되는 부처님의 초기제자들이다. 여기에는 바라나시에서 출가한 야사 비구와 친구들 총 55인과 마가다국 왕사성 인근의 우루벨라 촌에서 출가한 우루벨라가섭, 나제가섭, 가야가섭과 1000명의 제자들 그리고 왕사성 죽림정사에서 출가한 사리불과 목건련 및 제자들 200명(혹 250명)을 합한 것으로 가장 초기의 제자들을 일컫는다. 이상 열거된 수는 정확하게는 1255명인데, 이를 축약해서 1250명이라고 한다. 그러나 1250제자는 경전의 권위를 확보하기 위해 상투적으로 등장할 뿐, 우리나라 사찰에 모셔지진 않는다. 다만 최근에 통도사 옥련암의 '큰빛의집(대광명전을 푼 명칭)' 안에 1250아라한이 나무탱화 형식으로 봉안되어 눈길을 끈다.

> 1250제자 : 야사와 친구들 55명 + 가섭 삼형제와 1000명 + 사리불 · 목건련과 200명 = 1255명 ➡ 1250명으로 축약 후 정착

사찰에서는 나한전과 응진전 그리고 영산전과 불조전 같은 전각에서 나한을 모시고 있다. 일반적으로 십육나한을 모시지만 영천 은해사 거조암이나 경주 기림사 응진전처럼 오백나한을 모신 곳도 존재한다. 보통 나한을 모신 전각에는 스승인 석가모니불을 중앙의 본존으로 모시며, 좌우에 미륵보살과 제화갈라보살을 봉안한다. 이분들을 진리의 계승자라는 의미에서 수기삼존授記三尊이라고 한다. 그리고 양쪽으로 십육나한이 배치되는 것이 일반적이다. 또 오백나한을 모실 때는 앞서 일천불과 삼천불을 모실 때처럼 수기삼존의 뒤쪽에 작은 크기의 나한들을 모시게 된다.

나한 기도의 공덕

나한신앙은 관음신앙과 더불어 대표적인 현세의 문제와 당면 과제를 해결하는 현세신앙이다. 특히 나한들은 신통이 뛰어나고 다수로 구성되기 때문에 기도의 효과가 빠르다고 알려져 있다. 다만 기도의 대상이 불보살이 아닌 고승들이므로 개인적인 감정이나 호불호를 드러내는 경우가 종종 있다.

일반적으로 나한은 공양물을 좋아하며 장난이 심한 존재로 알려져 있다. 때문에 공양물을 많이 올리거나 소원이 성취되면 공양하겠다는 조건을 걸면 가피가 빠르다. 하지만 기도하는 사람이 "소원이 성취되면 무엇을 해드리겠다"고 한 뒤 추후 약속을 지키지 않으면, 다소 이해할 수 없는 기묘한 상황이 벌어지기도 한다. 즉 골탕을 먹이는 일이 발생하는데, 이는 관음기도와는 다른 나한기도만의 특징 중 하나다.

불교에서는 기도의 대상을 상·중·하로 나누는데, 하로 갈수록 기도영험이 빠른 반면에 세속적인 문제가 발생하곤 한다. 즉 일종의 대가를 원하는 경우가 많으며, 약속을 지키지 않으면 심지어 일이 꼬이는 재앙이 생기는 경우마저 있다. 이는 상급의 대상인 불보살님은 무한 자비를 베푸는 분들이지만, 하급으로 가면 이들 역시 사욕이 있는 존재들이기 때문이다. 즉 우리보다는 높은 깨달음의 대상이기는 하지만 아직은 속된 기운을 완전히 떨쳐내지 못한 상태라는 말이다. 마치 덕이 있는 노인들이 가끔씩 부리는 투정 정도로 이해하면 되겠다.

기도 대상의 상중하

- 상 — 불보살님
- 중 — 나한, 신중 등
- 하 — 독성, 산신, 칠성, 용왕 등

한국불교에서 나한신앙은 고려시대에 지속적으로 살펴지지만, 특히 유행한 것은 원나라의 영향에 따른 것이다. 나한기도와 관련하여 동아시아에서 가장 유명한 영험담은 해주 신광사神光寺의 이적이다. 이곳에는 923년 중국 양나라에서 전해진 오백나한이 모셔져 있었다. 그런데 400여 년 뒤인 1330년 왕위 계승에서 밀린 원나라의 황자가 고려의 대청도로 유배를 오게 된다. 이후 신광사 부처님의 꿈을 꾸고는 신광사에 들러 오백나한에게 자신의 기구한 운명을 하소연한 뒤, "원나라로 돌아가게 해주시면 사찰을 지어드리겠다"고 발원한다. 그후 이 황자는 원으로 귀국하여 마침내 1340년 황제의 자리에 오르게 된다. 이분이 바로 고려의 여인 기황후의 남편이기도 한 제11대 혜종順帝(1320~1370)이다. 혜종은 약속을 잊고 있다가 꿈속에서 "왜 황제가 되었으면서도 빨리 실행에 옮기지 않느냐?"는 채근을 듣고는 깜짝 놀라 1341년 신광사를 원찰로 지정한 뒤 대대적인 후원을 하게 된다. 혜종의 유배와 고려에 원찰을 지정하는 진기한 사건은 중국의 정사인 『원사元史』 「본기本紀」 '순제順帝'와 『고려사』 「세가世家 36」 등에서 살펴볼 수 있다. 또 나한의 영험함에 대한 내용은 혜종이 위소에게 짓도록 한 〈고려해주신광사비高麗海州神光寺碑〉를 통해 확인되는데, 이 사건은 고려 후기에 나한신앙이 크게 유행하는 한 배경이 된다.

고려 후기에 나한신앙이 유행했다는 것은 현존하는 고려불화 중에 〈나한도〉가 10여 점이나 남아 있는 것을 통해서 파악해볼 수가 있다. 하지만 조선시대가 되면 사찰의 경제력이 줄다 보니, 오백나한처럼 대규모 불사보다는 십육나한같이 축소되는 것이 일반적인 양상으로 자리 잡게 된다.

나한 기도법

나한 기도는 칭명염불을 하는 것이 일반적이지만, 각 나한께 1배라도 한다는 차원에서 절을 하는 경우도 있다. 또 오백나한은 불가능하지만 십육나한에게는 각각 동전이나 과자 같은 먹을거리를 놓고 기도를 드리기도 한다. 나한은 장난기도 있지만 심술도 있다. 따라서 전체를 한꺼번에 공양 올리고 '알아서 나눠 가지시겠지' 하면 기도 가피가 떨어진다. 그러므로 작은 것이라도 모든 나한들에게 개별적인 뭔가를 주는 것이 좋다. 즉 누구는 주고 누구는 주지 않는 것 같은 행동을 해서는 안 되며, 균일하게 주는 것이 관건이다.

오백나한을 모신 전각에서 기도를 할 경우에는 처음 들어갈 때 눈이 마주친 분을 붙들고 기도를 올리라는 말도 있다. 즉 나한 기도는 불보살에 대한 기도와 달리 작은 것을 챙겨주는 방식으로 진행되는데, 이는 막대한 권력을 가진 어린 왕자를 달래서 원하는 것을 구하는 것과 유사하다고 이해하면 된다.

어린 왕자에게는 왕에 버금가는 권한이 있다. 하지만 왕과 달리 합리적으로 백성들을 살피는 것이 아니라, 자신의 마음에만 맞으면 즉흥적으로 문제를 해결하는 측면이 존재한다. 그러므로 나한 기도를 하면 노력한 만큼 이루어 달라는 정직한 측면 외에도, 비록 비윤리적인 기도라고 해도 이루어지기도 한다. 마치 변호사가 정의를 실천하는 것이 아니라, 비윤리적이라 하더라도 의뢰인을 위해서 어떻게든 변호를 하는 것과 같다. 또 사건이 비윤리적일수록 법정 수수료만 받는 것이 아니라 승소하면 얼마를 더 추가해주겠다는 옵션이 따르곤 한다. 나한 역시 정의로운 문제를 해결하는 사필귀정의 일처리를 하지 않는다. 그러므로 '내 소원이 성취되면 어떤 공양물을 올리겠다'는 '등의 옵션을 걸면 기도의 가피가 빠르게 나타난다. 이는 나한 기도 및 하급 신앙 대상에 대한 기도에서 나타나는 공통된 특징이다.

사찰에서 기도하는 것이 아니라면, 나한에게 일일이 절을 하는 것은 현실적으로 불가능하다. 그러므로 여기에서는 정근하는 방법만 제시하고자 한다.

십육나한 칭명염불 기도

⊙ 십육나한을 모셨다고 생각하며 기도를 행함

♨ 순서

분향 ➡ 3배 ➡ 발원 ➡ 108배 ➡ 십육나한 정근(십육나한의 모습이나 명호를 관상하고 염주를 돌리며 칭명염불을 함)

♨ 정근

나무 영산당시 수불부촉 불입열반 현서선정
천상인간 응공복전 십육성중

南無　靈山當時　受佛咐囑　不入涅槃　現棲禪定
天上人間　應供福田　十六聖衆

십육성중 ➡ (계속) ➡ 십육성중

사향사과조원성 삼명육통실구족

밀승아불정녕촉 주세항위진복전 고아일심귀명정례

四向四果早圓成　三明六通悉具足

密承我佛叮嚀囑　住世恒爲眞福田　故我一心歸命頂禮

소원(십육나한께서 자신의 소원을 들어주는 것을 세 번 생각함) ➡ 회향(자신의 소원하는 바가 온 우주로 두루 퍼지면서 반드시 이루어지는 모습을 상상함)

💧회향

원멸 사생육도 법계유정 다겁생래죄업장

아금참회계수례 원제죄장실소제 세세상행보살도

원이차공덕 보급어일체 아등여중생

당생극락국 동견무량수 개공성불도

마지막으로 『반야심경』을 봉독하며 기도를 원만히 마친다.

오백나한 칭명염불 기도

⊙ 오백나한을 모셨다고 생각하며 기도를 행함

💧 순서

분향 ➡ 3배 ➡ 발원 ➡ 108배 ➡ 오백나한 정근(오백나한의 모습이나 명호를 관상하고 염주를 돌리며 칭명염불을 함)

183

◈정근

나무 영산당시 수불부촉 제대성중

南無　靈山當時　受佛咐囑　諸大聖衆

제대성중 ➡ (계속) ➡ 제대성중

사향사과조원성 삼명육통실구족

밀승아불정녕촉 주세항위진복전 고아일심귀명정례

四向四果早圓成　三明六通悉具足

密承我佛叮嚀囑　住世恒爲眞福田　故我一心歸命頂禮

소원(오백나한께서 자신의 소원을 들어주는 것을 세 번 생각함) ➡ **회향**(자신의 소원하는 바가 온 우주로 두루 퍼지면서 반드시 이루어지는 모습을 상상함)

◈회향

원멸 사생육도 법계유정 다겁생래죄업장

아금참회계수례 원제죄장실소제 세세상행보살도

원이차공덕 보급어일체 아등여중생

당생극락국 동견무량수 개공성불도

마지막으로 『반야심경』을 봉독하며 기도를 원만히 마친다.

제3부

신중 기도와 다라니 기도

신중 기도 방법과 성취

불교에서의 신과 화엄성중

불교는 불보살을 믿고 진리의 깨침을 목적으로 하는 종교다. 이 중에서 보다 핵심이 되는 것은 스스로 진리를 깨닫는 것이며, 불보살은 이 길을 우리보다 먼저 간 선각자이자 인도자이시다.

　석가모니불 역시 진리를 터득해서 대자유를 얻고 신통과 중생구제의 다양한 빛을 열어 보이신 분이다. 이런 점에서 불교는 진리를 체득한 인간과 그 신묘한 능력을 믿는 종교라고 하겠다. 실제로 부처님께서는 초기경전에서 "당신은 신입니까?"라는 질문에 "나는 신이 아닙니다"라고 답한다. "그럼 당신은 누구입니까?"라고 재차 묻자, "스스로 깨어 있는 사람, 즉 부처님"이라고 답한다. 이 문답은 불교의 진리에 의존하는 인본주의적 특징을 잘 나타내준다. 이 때문에 불교를 흔히 지혜의 종교이자 수행의 종교라고 일컫는다. 이는 그리스도교나 이슬람이 유일신을 믿는 것과는 다른 불교만의 가장 큰 특징이다.

그러면 불교는 신을 믿지 않는 것인가? 그렇지 않다. 불교도 신을 믿는다. 다만 그리스도교나 이슬람이라는 유신론적 종교가 신을 중심으로 전체를 구성하고 있는 것과 달리, 신을 절대적 존재로 인정하지 않을 뿐이다. 즉 같은 신이라는 명칭이 사용되기는 하지만, 불교와 유신론 종교의 신에 대한 인식은 완전히 다르다.

[불교에서 신의 위치]

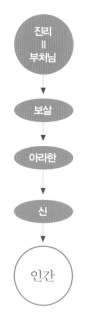

깨달음을 통해서
진리를 체득하면
누구나 아라한이나
보살 또는 부처님이
될 수 있다

[그리스도교에서
 신의 위치]

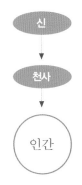

인간은 신을 믿어서
천국에 갈 수는 있지만,
어떠한 방법으로도
신이 될 수는 없다

　　신에 대한 양자의 인식상 가장 큰 차이는, 불교의 신은 우리
보다 훨씬 큰 능력과 시간적인 사이클을 가지기는 하지만, 결국 인
간처럼 늙고 병들고 죽는다는 점이다. 이는 인간과 같은 문제의식
의 연장선상에 신이 존재함을 의미한다. 즉 인간이 하루살이라면,
신은 좀 더 큰 사이클과 위력을 가진 매미 정도라고 이해하면 되
겠다. 하루살이가 볼 때, 매미는 평생을 지켜봐도 늙거나 죽지 않
는 불변의 거대한 능력을 가진 존재다. 하지만 이 역시 좀 더 확대
된 시각으로 볼 때는 덧없고 가엾은 존재일 뿐이다. 이런 것이 바
로 불교에서의 인간과 신의 차이이며, 신에 대한 인식이다.

　　이에 비해 유신론 종교에서의 신은 늙지도 병들지도 죽지
도 않는 항상한 존재다. 즉 신은 인간과 완전히 다른 특수한 존재
인 셈이다. 이슬람이 그리스도교를 비판하는 이유는 여호와의 아
들이 예수라면 신도 늙고 죽을 수 있다는 의미를 내포하기 때문이
다. 즉 신에게 아들이 있다면 손자나 증손자도 있을 수 있고, 이는

결국 신도 늙고 변화하는 것이 된다. 이 때문에 이슬람에서는 예수가 예언자인 인간일 뿐이라고 주장한다. 이로 인해 그리스도교에서 말하는 신의 아들이라는 주장을 신성모독으로 여기며, 오늘날까지 반목하는 것이다.

불교의 신들이 절대적이 아니라는 것은 신들 역시 자신의 능력을 잃지 않기 위해서는 진리와 깨달음을 구해야 한다는 의미가 된다. 때문에 불교에서 신은 불보살을 돕고 부처님의 가르침을 수호하는 역할을 자임한다. 즉 일종의 경호실이나 보디가드 같은 역할을 수행하면서 진리와 가까이 한다고 이해하면 되겠다.

흔히 부처님과 신의 차이를 대웅전의 배치 상태를 통해서 설명하곤 한다. 먼저 부처님은 중앙의 널찍한 수미단 위에 편안히 앉아 계신다. 이에 비해 신들은 부처님의 좌측 신중단에 빼곡히 늘어선 채 마치 졸업식 사진처럼 서로 얼굴을 내밀고 있다. 이는 불교에서 신의 위상을 단적으로 보여준다. 하지만 그렇다고 해도, 이는 부처님에 대한 상대적 위치이지 신이 인간보다 못하다는 의미는 절대 아니다. 바로 이 점을 정확히 이해하고 유의할 필요가 있다.

신중단에 모셔진 신들을 흔히 화엄성중華嚴聖衆이라고 한다. 화엄성중이란 『화엄경』을 설하실 때 부처님 회상에 모여서 듣던 신들로 총 39위가 있다. 사람을 헤아릴 때는 몇 명이라고 하는 것처럼 '명'이라고 하고, 동물을 셀 때는 '마리'라는 단위를 사용한다. 이처럼 신의 수와 관련해서는 '위位'라는 단위를 쓴다. 즉 화엄성중은 '39위'가 되는데, 이는 『화엄경』「세주묘엄품世主妙嚴品」에 등장하는 신들이다. 이 신들의 명칭은 사찰에서는 흔히 「화엄경약찬게華嚴經略纂偈」를 통해서 접할 수 있다. 이들 화엄성중은 모두 『화엄경』이 설해질 때 동참하여 부처님과 불법을 수호할 것을 맹세한 신들이다. 이 때문에 이들을 화엄성중이라고 하는 것이다. 또 이들을 '많은 신들의 무리'라는 의미에서 신중神衆이라고 하며, 이들을 모신 공간을 신중단神衆壇이라고 한다.

하지만 이들 39위의 신들은 대부분 인도 신으로 우리의 전통 신들과는 차이가 있다. 그래서 이후 이 39위에 우리의 전통신 65위를 더해서 총 104위를 만들게 된다. 이 신들에 대한 명칭은 불교의 식집인 『석문의범釋門儀範』을 통해서 확인할 수 있다. 즉 신중단의 〈신중도〉를 봤을 때 신의 수가 적다고 느껴지면 39위를 그린 것이고, 많다면 104위를 표현한 것으로 이해하면 되겠다. 또 104위가 될 경우에는 화엄성중이 포함된 불교를 수호하는 옹호성중擁護聖衆 즉 '불교를 수호하는 신들'이라고 이해하는 것도 가능하다. 하지만 옹호성중의 대표는 화엄성중이기 때문에, 옹호성중 전체를 칭할 때도 화엄성중이라고 부르곤 한다. 마치 햇반이나 대일밴드처럼, 특정 상표가 그 분야의 대표성을 가지고 지칭되는 것처럼 말이다.

불교의 신은 크게 두 종류로 나뉜다. 첫째는 천상 즉 하늘에 사는 신들로 이들을 '천계에 사는 신들'이라고 해서 공거천空居天이라고 한다. 둘째는 지상에 사는 신들이다. 예컨대 산신이나 바다의 신[主海神] 같은 이들이 여기에 해당한다. 이들을 지상에 사는 신들이라고 해서 지거천地居天이라고 한다. 즉 첫째가 수직적인 공간 속의 신들이라면, 둘째는 수평적인 이 세계 속의 신들인 셈이다. 이러한 신들에 대한 통칭이 불교를 수호하는 옹호성중이며, 그 대표 명칭이 화엄성중이라고 이해하면 되겠다.

• 39위 신중

① 집금강신(執金剛神)	② 신중신(身衆神)
③ 족행신(足行神)	④ 도량신(道場神)
⑤ 주성신(主城神)	⑥ 주지신(主地神)
⑦ 주산신(主山神)	⑧ 주림신(主林神)
⑨ 주약신(主藥神)	⑩ 주가신(主家神)
⑪ 주하신(主河神)	⑫ 주해신(主海神)
⑬ 주수신(主水神)	⑭ 주화신(主火神)
⑮ 주풍신(主風神)	⑯ 주공신(主空神)
⑰ 주방신(主方神)	⑱ 주야신(主夜神)
⑲ 주주신(主晝神)	⑳ 아수라왕(阿修羅王)
㉑ 가루라왕(迦樓羅王)	㉒ 긴나라왕(緊那羅王)
㉓ 마후라가왕(摩睺羅伽王)	㉔ 야차왕(夜叉王)
㉕ 대용왕(大龍王)	㉖ 구반다왕(鳩槃茶王)
㉗ 건달바왕(乾達婆王)	㉘ 월천자(月天子)
㉙ 일천자(日天子)	㉚ 도리천왕(忉利天王)
㉛ 야마천왕(夜摩天王)	㉜ 도솔천왕(兜率天王)
㉝ 화락천왕(化樂天王)	㉞ 타화천왕(他化天王)
㉟ 대범천왕(大梵天王)	㊱ 광음천왕(光音天王)
㊲ 변정천왕(遍淨天王)	㊳ 광과천왕(廣果天王)
㊴ 대자재왕(大自在王)	

• 104위 신중

상단 – 불교의 신들 (23위)	대예적금강 (大穢蹟金剛) · 8금강 (八金剛) · 4보살 (四菩薩) · 10대 명왕 (十大明王)	① 대예적금강(烏樞沙摩, Ucchuṣma) ② 청제재금강(靑除災金剛) ③ 벽독금강(辟毒金剛) ④ 황수구금강(黃隨求金剛) ⑤ 백정수금강(白淨水金剛) ⑥ 적성화금강(赤聲火金剛) ⑦ 정제재금강(定除災金剛) ⑧ 자현신금강(紫賢神金剛) ⑨ 대신력금강(大神力金剛)　　　　　이상 8대 금강 ⑩ 경물권보살(警物愆菩薩) ⑪ 정업색보살(定業索菩薩) ⑫ 조복애보살(調伏愛菩薩) ⑬ 군미어보살(羣迷語菩薩)　　　　　이상 4대 보살 ⑭ 동방-염만달가대명왕(東方-焰曼怛迦大明王) ⑮ 남방-바라이야달가대명왕(南方-鉢羅抳也怛迦大明王) ⑯ 서방-바납마달가대명왕(西方-鉢納摩怛迦大明王) ⑰ 북방-미걸라달가대명왕(北方-尾仡羅怛迦大明王) ⑱ 동남-방탁기라야대명왕(東南-方托枳羅惹大明王) ⑲ 서남-방이라능나대명왕(西南-方尼羅能拏大明王) ⑳ 서북-방마하마라대명왕(西北-方摩訶摩羅大明王) ㉑ 동북-방아좌라낭타대명왕(東北-方阿左羅囊他大明王) ㉒ 하방-바라반다라대명왕(下方-縛羅播多羅大明王) ㉓ 상방-오니쇄작걸라바리제대명왕 　　(上方-塢尼灑作仡羅縛里帝大明王)　　이상 10대 명왕
		㉔ 대범천왕(大梵天王)　㉕ 제석천왕(帝釋天王) ㉖ 북방-비사문천왕(北方-毘沙門天王) ㉗ 동방-지국천왕(東方-持國天王)

중단 – 불교와 전통신 (38위)	범천 · 제석천 · 사천왕 · 일천자 · 월천자 · 자미대제 (북극성) · 북두칠성 · 천룡팔부 등	㉘ 남방-증장천왕(南方-增長天王) ㉙ 서방-광목천왕(西方-廣目天王)　　이상 4대 천왕 ㉚ 일궁천자(日宮天子)　㉛ 월궁천자(月宮天子) 　　　　　　　　　　　　　　이상 일월천자 ㉜ 금강밀적(金剛密跡)　㉝ 마혜수라천왕(摩醯首羅天王) ㉞ 산지대장(散脂大將)　㉟ 대변재천왕(大辯才天王) ㊱ 대공덕천왕(大功德天王)　㊲ 위태천신(韋馱天神) ㊳ 견뢰지신(堅牢地神)　㊴ 보리수신(菩提樹神) ㊵ 귀자모신(鬼子母神)　㊶ 마리지신(摩利支神) ㊷ 사갈라용왕(娑竭羅龍王)　㊸ 염마라왕(閻魔羅王) 　　　　　　　　　　　　　　이상 인도 신 ㊹ 자미대제(紫微大帝) ㊺ 북두제일-탐랑대성군(北斗第一-貪狼太星君) ㊻ 북두제이-거문원성군(北斗第二-巨門元星君) ㊼ 북두제삼-녹존정성군(北斗第三-祿存貞星君) ㊽ 북두제사-문곡뉴성군(北斗第四-文曲紐星君) ㊾ 북두제오-염정강성군(北斗第五-廉貞綱星君) ㊿ 북두제육-무곡기성군(北斗第六-武曲紀星君) 51 북두제칠-파군관성군(北斗第七-破軍關星君) 　　　　　　　　　　　　　　이상 북두칠성 52 북두제팔-외보성군(北斗第八-外輔星君) 53 북두제구-내필성군(北斗第九-內弼星君)　이상 좌보우필 54 상태-개덕진군(上台-開德眞君) 55 중태-사공성군(中台-司空星君) 56 하태-사록성군(下台-司綠星君)　　이상 삼태육성 57 이십팔수(二十八宿) 58 아수라왕(阿修羅王)　59 가루라왕(迦樓羅王)

		⑥ 긴나라왕(緊那羅王) ⑥ 마후라가왕(摩睺羅伽王)

<table>
</table>

⑥ 긴나라왕(緊那羅王)　⑥ 마후라가왕(摩睺羅伽王)

　　　　　　　　　　　　　이상 천룡팔부 중 4신

⑥ 호계대신(護戒大神)　⑥ 복덕대신(福德大神)
⑥ 토지신(土地神)　⑥ 도량신(道場神)
⑥ 가람신(伽藍神)　⑥ 옥택신(屋宅神)
⑥ 문호신(門戶神)　⑥ 주정신(主庭神)
⑦ 주조신(主竈神)　⑦ 주산신(主山神)
⑦ 주정신(主井神)　⑦ 청측신(圊厠神)
⑦ 대애신(碓磑神)　　　　　이상 산사와 관련된 신

⑦ 주수신(主水神)　⑦ 주화신(主火神)
⑦ 주금신(主金神)　⑦ 주목신(主木神)
⑦ 주토신(主土神)　　　　　이상 오행신

⑧ 주방신(主方神)　⑧ 주공신(主空神)
⑧ 방위신(方位神)　⑧ 일월시직신(日月時直神)
　　　　　　　　　　이상 시공에 관한 신

⑧ 광야신(廣野神)　⑧ 주해신(主海神)
⑧ 주하신(主河神)　⑧ 주강신(主江神)
⑧ 도로신(道路神)　⑧ 주성신(主城神)
⑨ 초훼신(草卉神)　⑨ 주가신(主稼神)
⑨ 주풍신(主風神)　⑨ 주우신(主雨神)
⑨ 주주신(主晝神)　⑨ 주야신(主夜神)
⑨ 신중신(身衆神)　⑨ 족행신(足行神)
⑨ 사명신(司命神)　⑨ 사록신(司祿神)
　　　　　　　　이상 자연과 길흉에 관한 신

⑩ 좌종주동장선신(左從注童掌善神)
⑩ 우축주동장악신(右逐注童掌惡神)
⑩ 행벌행병이위대신(行罰行病二位大神)
⑩ 온황고채이위대신(瘟瘴痼瘵二位大神)
⑩ 이의삼재오행대신(二儀三才五行大神)
　　　　　　　　　　이상 액난의 신

하단
-
전통신
(43위)

토지신
·
가람신
·
조왕신
·
산신
·
오행신
·
비와 바람신
·
곡식신 등

195

신중 기도의 공덕

신중 기도와 관련해서 가장 주목되는 기록은 『삼국유사』 권3에 수록되어 있는 「전후소장사리前後所藏舍利」다. 이 기록에는 중국 장안의 남쪽인 종남산에 유학 갔던 의상대사에 대한 이야기가 나온다. 당시 종남산에서 함께 주석하던 도선율사道宣律師는 계율행이 매우 청정하여 매일같이 하늘에서 천사 편으로 신들의 공양물이 내려왔다. 이를 궁금하게 여긴 의상대사가 하루는 도선율사를 찾아가 같이 공양하게 해 달라고 요청했고, 도선율사는 기꺼이 승낙한다. 하지만 막상 시간이 되어도 공양은 내려오지 않았고, 결국 의상대사는 점심공양을 굶고 자신의 절로 돌아갔다. 그런데 의상대사가 떠나자마자 천사가 들이닥쳤다. 체면을 구긴 도선율사가 천사에게 늦은 이유를 묻자, 천사는 "오기는 일찍부터 왔는데, 사찰 주변에 고위급 신장들이 빼곡히 늘어서 있어서 우리 같은 천사는 감히 범접할 수 없었습니다. 그러다 마침 신장들이 떠나는 것을 보고 바로 달려왔습니다"라고 하였다. 이 말은 들은 도선율사는 그 신장들이 의상대사를 옹호하는 화엄성중임을 알고 탄복했다고 한다.

이 이야기는 매우 중요한데, 그 이유는 한국불교 안에서 의상대사와 화엄종이 차지하는 위상으로 인해 이후 사찰에 화엄성중을 중심으로 한 신중단이 만들어진다는 내용을 알 수 있기 때문이다. 오늘날에도 사시 기도를 마치고 나면, 중단퇴공中壇退供이라고 해서 신중단에 부처님의 공양물을 올리는 일종의 상물림 의식을 진행한다. 또 아침과 저녁 예불 뒤에도 빠짐없이 신중단을 향해 『반야심경』을 외우곤 한다. 이는 신중단이 본존의 부처님과는 떼려야 뗄 수 없는 비서실 같은 역할을 하고 있기 때문이다. 그러므로 부처님께 기도를 하는 것도 중요하지만, 실질적인 실무자인 신중기도를 하는 것도 매우 유효하고 효과적인 방법이라고 하겠다.

특히 큰 소원이 아니라 자잘하고 개인적인 소망이라면 부처님보다는 신중 기도가 더 타당하다. 마치 도로변 하수도가 막히면 대통령에게 민원을 넣을 게 아니라 구청의 실무자에게 전화하는 것이 더 빠르고 정확한 방법인 것처럼 말이다. 신중은 불보살을 돕는 존재다. 그러므로 대략적인 큰 소원은 부처님께 발원하고, 자잘한 소망들은 신중 기도를 통해서 해결하는 것이 가피를 입는 빠른 방법이라고 하겠다.

신중 기도 방법

한국불교는 전통적으로 신중 기도를 매우 중시했다. 때문에 오늘날 초하루부터 초삼일까지 하는 기도의 명칭도 대부분 신중 기도인 경우가 많다. 즉 부처님을 기도의 주체로 삼기는 하지만, 그 핵심에는 실무자인 신중이 존재하는 것이다.

그런데 최근 들어 한국불교 안에서 신중에 대한 처우에 변화가 생겼다. 그 이유는 한국불교를 대표하는 어른이신 성철스님께서 "스님은 부처님의 제자로 불법승 삼보에 속하는데, 신중단에 절을 하는 것은 맞지 않다"고 하였기 때문이다. 이로 인해 전통적으로 스님과 신도가 모두 신중단에 예불을 올리며 절을 하는 방식에서, 스님들은 신중단에 절을 하지 않고 『반야심경』만 독송하는 방식으로 바뀌었다.

그런데 인도자인 스님이 절을 하지 않자, 신도들 역시 따라서 절을 하지 않는 풍조가 발생했다. 즉 스님이 절을 하지 않자 신도까지 절을 하지 않는 상황이 연출된 것이다. 이 때문에 오늘날 신중단을 향해서는 대중이 서서 합장만 한 채 『반야심경』을 독송하는 정도로 그치고 있다. 하지만 신중에게 소망성취를 부탁하는 입장이라면 절대 이렇게 하면 안 된다. 깨달음을 얻은 큰스님이나 스님들은 그럴 수도 있다. 신중들이 불교를 수호하겠다고 다짐한 이들이기 때문이다. 하지만 신중에게 기원을 하는 신도들까지 이렇게 하는 것은 옳지 않다. 즉 깍듯하게 모시고 정중하게 부탁하는 기본을 지킬 필요가 있다는 말이다. 부탁을 하고 복을 받으려는 입장에서는 당연히 그에 대한 합당한 자세가 따라야 한다. 하지만 예불의식을 집전하는 스님들이 절을 하지 않는 상황에서 신도들만 절을 하는 것도 불가능하다. 이런 점에서 본다면, 스님들은 신도를 계몽하고 올바로 이끈다는 관점에서 과거의 전통처럼 신중단에

스님, 기도는 어떻게 하는 건가요?

장성 백양사 〈신중도〉. 신중단에는 나한 기도를 할 때처럼 과자도 올라간다. 이는 불보살을 모신 곳에는 과자와 같은 잡스러운 공양물은 올릴 수 없는 것과 다른 신중단의 한 특징이다.

절을 하는 것도 한 방법이 아닌가 한다.

신중단에는 나한 기도를 할 때처럼 과자도 올라간다. 이는 불보살을 모신 곳에는 과자와 같은 잡스러운 공양물은 올릴 수 없는 것과 다른 신중단의 한 특징이다. 이러한 측면은 앞서 나한 기도에서 설명한 것처럼, 이들이 상대적으로 낮은 존재들이기 때문이다.

신중 기도는『화엄경』을 독송하는 화엄산림 기도 같은 것도 있지만,『화엄경』은 60권본과 80권본의 두 가지로 너무 길기 때문에 이런 방식은 잘 사용하지 않는다. 물론 40권『화엄경』도 있지만 이것은 선재동자의 구도여정기인「입법계품入法界品」에 해당하는 것으로『화엄경』전체 즉 대경大經과는 다르다.『화엄경』은 분량이 매우 많기 때문에 일찍부터 축약이 발달했다. 이것이〈화엄경약찬게〉와 의상대사가 찬술한〈화엄일승법계도華嚴一乘法界圖〉즉〈법성게法性偈〉이다. 그런데 기도에서〈법성게〉는 잘 사용하지 않으며, 기도와 관련해서 주로 사용하는 것은〈화엄경약찬게〉뿐이다.

〈화엄경약찬게〉는 본문 안에서 용수보살이 지었다고 되어 있지만, 이것은 대승불교의 최고 인물 중 한 명을 끌어들인 유명인사 팔기일 뿐 실제로는 아무 관련이 없다.〈화엄경약찬게〉는『화엄경』권1의「세주묘엄품」에 등장하는 신들과 선재동자「입법계품」에 나타나는 53명의 선지식 이름, 그리고 각 장르별 품명을 주축으로 구성되어 있다. 즉 전체적으로 중요하다고 생각하는 등장인물과 품명을 가지고서 축약한 정도라고 하겠다.

화엄 기도는 본래『화엄경』을 독송하거나 강설해야 의미가 더 있지만, 이는 현실적으로 대단히 어렵기 때문에 신중 기도를 화엄 기도 같은 의미로 사용하기도 한다. 즉 '신중 기도 = 화엄 기도'로 인식하는 정도라고 하겠다. 신중 기도에서의 신중이란, 화엄성중이면서 동시에 옹호성중이다. 그러므로 신중 기도가 곧 화엄 기도라는 등식도 성립하는 것이다.

신중 기도의 특징은 화엄성중이나 옹호성중에 대한 정근 외에도 〈화엄경약찬게〉를 독송한다는 점이 있다. 다음 기도법은 이전의 기도법 양식에 따라 가정에서 할 수 있도록 정리한 것이다.

신중 기도법

⊙ 화엄성중(옹호성중)을 모셨다고 생각하며 기도를 행함

🕯 순서

분향 ➡ 3배 ➡ 발원 ➡ 108배 ➡ 화엄성중 (옹호성중) 정근(화엄성

중의 모습이나 명호를 관상하면서 염주를 돌리고 칭명염불을 함)

💧정근

나무 금강회상 일백사위 화엄성중

南無 金剛會上 一百四位 華嚴聖衆

화엄성중 ➡ (계속) ➡ 화엄상중

화엄성중혜감명 사주인사일념지

애민중생여적자 시고아금공경례 고아일심귀명정례

華嚴聖衆慧鑑明 四洲人事一念知

哀愍衆生如赤子 是故我今恭敬禮 故我一心歸命頂禮

〈화엄경약찬게〉 독송 (한 번이나 세 번 또는 일곱 번 독송함)

소원(화엄성중이 계신다고 생각하며 화엄성중께서 자신의 소원을 들어주는

것을 세 번 생각함) ➡ 회향(자신의 소원하는 바가 온 우주로 두루 퍼지면서

반드시 이루어지는 모습을 상상함)

🜄 회향

원멸 사생육도 법계유정 다겁생래죄업장

아금참회계수례 원제죄장실소제 세세상행보살도

원이차공덕 보급어일체 아등여중생

당생극락국 동견무량수 개공성불도

마지막으로 『반야심경』을 봉독하며 기도를 원만히 마친다.

〈화엄경약찬게 華嚴經 略纂偈〉

대방광불화엄경	용수보살약찬게
大方廣佛華嚴經	龍樹菩薩略纂偈
나무화장세계해	비로자나진법신
南無華藏世界海	毘盧遮那眞法身
현재설법노사나	석가모니제여래
現在說法盧舍那	釋迦牟尼諸如來
과거현재미래세	시방일체제대성
過去現在未來世	十方一切諸大聖
근본화엄전법륜	해인삼매세력고
根本華嚴轉法輪	海印三昧勢力故
보현보살제대중	집금강신신중신
普賢菩薩諸大衆	執金剛神身衆神
족행신중도량신	주성신중주지신
足行神衆道場神	主城神衆主地神

주산신중주림신
主山神衆主林神

주약신중주가신
主藥神衆主稼神

주하신중주해신
主河神衆主海神

주수신중주화신
主水神衆主火神

주풍신중주공신
主風神衆主空神

주방신중주야신
主方神衆主夜神

주주신중아수라
主晝神衆阿修羅

가루라왕긴나라
迦樓羅王緊那羅

마후라가야차왕
摩睺羅伽夜叉王

제대용왕구반다
諸大龍王鳩槃茶

건달바왕월천자
乾達婆王月天子

일천자중도리천
日天子衆忉利天

야마천왕도솔천
夜摩天王兜率天

화락천왕타화천
化樂天王他化天

대범천왕광음천
大梵天王光音天

변정천왕광과천
遍淨天王廣果天

대자재왕불가설
大自在王不可說

보현문수대보살
普賢文殊大菩薩

법혜공덕금강당
法慧功德金剛幢

금강장급금강혜
金剛藏及金剛慧

광염당급수미당
光焰幢及須彌幢

대덕성문사리자
大德聲聞舍利子

급여비구해각등
及與比丘海覺等

우바새장우바이
優婆塞長優婆夷

선재동자동남녀
善財童子童男女

기수무량불가설
其數無量不可說

선재동자선지식
善財童子善知識

문수사리최제일
文殊舍利最第一

덕운해운선주승
德雲海雲善住僧

미가해탈여해당
彌伽解脫與海幢

휴사비목구사선
休舍毘目懼沙仙

승열바라자행녀
勝熱婆羅慈行女

선견자재주동자
善見自在主童子

구족우바명지사
具足優婆明智士

법보계장여보안
法寶髻長與普眼

무염족왕대광왕
無厭足王大光王

부동우바변행외
不動優婆遍行外

우바라화장자인
優婆羅華長者人

바시라선무상승
婆施羅船無上勝

사자빈신바수밀
獅者嚬伸婆須密

비실지라거사인
毘悉祇羅居士人

관자재존여정취
觀自在尊與正趣

대천안주주지신
大天安住主地神

바산바연주야신
婆珊婆演主夜神

보덕정광주야신
普德淨光主夜神

희목관찰중생신
喜目觀察衆生神

보구중생묘덕신
普救衆生妙德神

적정음해주야신
寂靜音海主夜神

수호일체주야신
守護一切主夜神

개부수화주야신
開敷樹華主夜神

대원정진력구호
大願精進力救護

묘덕원만구바녀
妙德圓滿瞿婆女

마야부인천주광
摩耶夫人天主光

변우동자중예각
遍友童子衆藝覺

현승견고해탈장
賢勝堅固解脫長

묘월장자무승군
妙月長子無勝軍

최적정바라문자
最寂靜婆羅門者

덕생동자유덕녀
德生童子有德女

미륵보살문수등
彌勒菩薩文殊等

보현보살미진중
普賢菩薩微塵衆

어차법회운집래
於此法會雲集來

상수비로자나불
常隨毘盧遮那佛

어련화장세계해
於蓮華藏世界海

조화장엄대법륜
造化莊嚴大法輪

시방허공제세계　　　　역부여시상설법
十方虛空諸世界　　　　亦復如是常設法

육육육사급여삼　　　　일십일일역부일
六六六四及與三　　　　一十一一亦復一

세주묘엄여래상　　　　보현삼매세계성
世主妙嚴如來相　　　　普賢三昧世界成

화장세계노사나　　　　여래명호사성제
華藏世界盧舍那　　　　如來名號四聖諦

광명각품문명품　　　　정행현수수미정
光明覺品問明品　　　　淨行賢首須彌頂

수미정상게찬품　　　　보살십주범행품
須彌頂上偈讚品　　　　菩薩十住梵行品

발심공덕명법품　　　　불승야마천궁품
發心功德明法品　　　　佛昇夜摩天宮品

야마천궁게찬품　　　　십행품여무진장
夜摩天宮偈讚品　　　　十行品與無盡藏

불승도솔천궁품　　　　도솔천궁게찬품
佛勝兜率天宮品　　　　兜率天宮偈讚品

십회향급십지품　　　　십정십통십인품
十回向及十地品　　　　十定十通十忍品

아승지품여수량　　　　보살주처불부사
阿僧祇品如壽量　　　　菩薩住處佛不思

여래십신상해품　　　　여래수호공덕품
如來十身相海品　　　　如來隨好功德品

보현행급여래출　　　　이세간품입법계
普賢行及如來出　　　　離世間品立法界

시위십만게송경　　　　삼십구품원만교
是爲十萬偈頌經　　　　三十九品圓滿敎

풍송차경신수지　　　　초발심시변정각
諷誦次經信受持　　　　初發心時便正覺

안좌여시국토해　　　　시명비로자나불
安坐如是國土海　　　　是名毘盧遮那佛

산신 기도 방법과 성취

조왕신과 산신

『석문의범』의 「신중청神衆請」을 보면, "내호조왕內護竈王 외호산신外護山神"이라는 구절이 있다. 즉 '집 안에서는 조왕신이 보호하고, 집 밖에서는 산신이 수호한다'는 의미다.

조왕신은 부엌의 신으로 불과 관련된 부뚜막 신을 의미한다. 성냥이 일반화되기 이전에는 불씨를 한 번 꺼뜨리면 다시 붙이기 어려웠다. 게다가 우리나라처럼 추운 기후대에 속하는 지역에서 불이란 반드시 필요하고 귀한 것이다. 하지만 동시에 우리는 나무나 짚을 건축의 주된 재료로 활용했다. 이는 불 관리에 문제가 생기면 화재라는 걷잡을 수 없는 사태가 발생한다는 것을 의미한다.

실제로 초가집이 일반적인 가옥 형태이던 농경사회에서는 한 집의 부주의로 화재가 발생하면 불씨들이 초가 사이를 날아다니며 옮겨 붙어 온 마을이 불바다가 되었다. 때문에 불에 대한 공경은 우리 문화에 깊이 뿌리내리게 된다. 이는 묵은 불을 끄고 새 불을 맞는 날인 한식이 설, 추석, 단오와 함께 우리나라 4대 명절로 자리 잡은 것을 통해서도 판단해볼 수 있다.

또 과거 조왕신은 정기적으로 하늘에 올라가 그 집안의 일을 옥황상제에게 보고한다고 여겨졌다. 부엌은 음식을 주관하는 곳이다 보니, 부엌에서 문제가 생기면 집안 식구 전체가 해를 입을 수 있다. 예컨대 식중독 같은 경우다. 이와 같은 복합적인 이유로 조왕신은 성주신과 더불어 집안을 대표하는 신으로 강력한 입지를 굳히게 된다.

다음은 산신인데, 일반적으로 산신은 호랑이와 연관되어 이해되곤 한다. 우리나라는 국토의 70퍼센트 이상이 산지이며, 이런 산들이 태백산맥과 소백산맥 등으로 서로 연결되어 있다. 이는 호랑이의 서식환경과 이동에 용이하도록 했다. 때문에 '호환마마虎患媽媽'라는 말이 있을 정도로 호랑이 피해가 심각했다. 호랑이와 곶감 이야기나 "호랑이에게 물려가도 정신만 차리면 산다", "호랑이는 죽어서 가죽을 남기고 사람은 죽어서 이름을 남긴다", "하룻강아지 범 무서운 줄 모른다", "호랑이도 제 말하면 온다", "이빨 빠진 호랑이" 등의 친숙하면서도 다양한 속담에서 볼 수 있듯 우리나라에는 과거 호랑이가 많았고 또 사람을 크게 위협했다.

　　호랑이를 산군이라고 하여 산신으로 여기는 경우도 많지만, 산신의 전통은 호랑이보다 앞선다. 산신 중 가장 오래된 것은 여성 산신인데, 대표적인 것이 지리산 산신이나 경주 선도산의 선도성모仙桃神母(婆蘇)이다. 여성 산신은 부계 이전의 모계 유풍을 간직한다는 점에서 남성 산신보다 앞선 시기의 것으로 추정된다.

　　남성 산신으로 가장 오랜 연원을 가진 신은 단군이다. 『삼국유사』「고조선왕검조선古朝鮮王儉朝鮮」에 등장하는 「단군신화」를 보면, 단군이 최후에 아사달에 들어가 산신이 되는 것으로 나타난다. 흔히 「단군신화」라고 하면 매우 오래되었을 것이라고 생각하지만, 「단군신화」는 부계 전통을 갖추고 있다는 점, 또 「단군신화」가 등장하는 문헌이 고려 중·후기의 문헌인 『삼국유사』와 『제왕운기』라는 점에서 그리 오랜 신화로 판단되지는 않는다.

　　그런데 「단군신화」에는 산신과 관련해서 주목할 만한 존재가 하나 더 있다. 바로 호랑이다. 환웅은 인간이 되기를 원하는 곰과 호랑이가 거듭날 수 있는 조건으로 굴 속에서 쑥과 마늘만 먹으라고 지시한다. 이 과정에서 호랑이는 견디지 못하고 뛰쳐나가는데, 이를 북방에서 남하한 환웅족이 곰 토템의 종족은 복속시키고 호랑이 토템의 종족은 물리친 것으로 해석한다. 이 호랑이족은 후일 환웅족을 계승한 단군의 영역 확대로 인해 결국은 복속되었을 것으로 추정된다. 이것이 바로 우리나라의 산신과 호랑이가 함께 그려지는 〈산신도〉의 연원이라고 하겠다.

특히 사찰에 전해지는 〈산신도〉의 산신이 남성이라는 점, 호랑이는 한결같이 무서운 모습이라기보다 산신에게 재롱을 부리는 듯한 해학적인 모습이라는 점에서 더욱 그렇다. 이렇게 놓고 본다면 사찰의 산신은 단군이며, 산신이 호랑이를 조복하고 있는 그림을 통해서 우리는 선조들이 호환을 없애려고 한 염원을 읽어보는 것도 가능하다.

우리나라의 절을 흔히 산사라고도 하는 것처럼, 숭유억불의 조선시대를 거치면서 사찰은 대다수 산사만 남게 되었다. 이는 사찰의 스님들이 호랑이에 보다 취약한 존재였다는 것을 의미한다. 실제로 우리 속담에 "새벽 호랑이는 승려나 개를 헤아리지 않는다"는 것도 있다. 이 속담은 과거 산사에 살던 승려들이 호랑이의 습격에 매우 취약했다는 것을 의미한다. 이 때문에 사찰에는 산신각과 산령각을 두어 산신을 모셨고, 또 삼성각 안에 독성·칠성과 함께 산신을 모시곤 했다. 산신은 불교의 전통적인 신앙 대상이 아니다. 그럼에도 한 사찰에 산신각과 삼성각이라는 산신을 모신 장소가 두 곳이나 있다는 것은 호랑이에 대한 승려들의 두려움을 잘 나타내준다고 하겠다.

산신 기도의 공덕

산신신앙에는 호랑이를 항복시킨다는 측면도 있지만, 산의 정기를 받는 영험에 대한 부분도 있다. 그렇기 때문에 산신 기도를 산신각이나 삼성각에서 올리기도 하지만, 예전에는 상당수가 거대하고 신령한 통바위 앞에서 올리곤 했다. 이는 산의 신령한 정기를 받아서 삶의 고뇌와 문제 들을 해결하겠다는 의미로 이해된다.

풍수지리가 발달한 조선에서 산속 바위는 정기가 응축된 장소다. 그러므로 이 기운을 통해서 약한 운을 북돋고 삿된 기를 누르려는 행위들이 행해지곤 한 것이다. 또 지금은 상대적으로 약화되었지만, 과거에는 반드시 아들을 낳아야만 하는 남아선호사상이 강했다. 그런데 이런 정기를 머금은 바위는 우뚝 솟은 일종의 남근을 연상시키는 바위인 경우가 많았다. 때문에 산신 기도는 아들을 낳기 위한 기도로도 널리 행해졌다.

우리나라는 도시라고 해도 산이 보이지 않는 곳이 거의 없다. 이는 국토의 모든 곳에 산의 정기가 미칠 수 있다는 의미다. 그러므로 산신 기도를 통해 산의 정기를 받아 모든 삿된 기운을 누르고, 현실의 승부에서 반드시 승리할 수 있는 조건을 갖추는 것도 중요하다. 풍수지리에서 응축된 기운이 인간에게 흐르는 것은 복과 성공을 초래하는 요건이라는 점에서, 산신 기도는 현실적인 성공을 위한 사람들에게 반드시 도움이 되는 기도라고 하겠다.

3산 5악

산신 기도 역시 산신의 명호를 부르는 칭명염불을 하는 것이 일반적이며, 여기에 민속경전인 『산왕경山王經』을 읽는 방식이 더해지기도 한다. 산신 중에 대표는 중국 3산 5악의 산신이다.

삼산은 ① 안후이성의 황산 ② 장시성의 여산 ③ 저장성의 안탕산이며, 오악은 ① 동쪽의 태산 ② 남쪽의 형산 ③ 서쪽의 화산 ④ 북쪽의 항산 ⑤ 중앙의 숭산이다. 이런 3산 5악의 산악 숭배는 우리나라에도 영향을 미쳐 『삼국사기』 권32의 「잡지雜志 ─ 제1 제사祭祀」에는 신라의 삼산으로 ① 나력奈歷(혹 나림奈林) ② 골화骨火 ③ 혈례穴禮를 들고, 오악은 ① 동쪽의 토함산吐含山 ② 서쪽의 계룡산鷄龍山 ③ 남쪽의 지리산智異山 ④ 북쪽의 태백산太伯山 ⑤ 중앙의 팔공산八公山을 언급한다. 이 산들은 신라시대 국가적 차원에서 제사를 올리던 최고의 명산이다.

산신 중 최고는 3산 5악이다. 이 때문에 갈홍의 『포박자抱朴子』 「내편」에는 "오악산을 형상화한 〈오악산신부五岳山神符〉를 몸에 지니면, 모든 산을 다니는 데 장애가 없다"는 언급이 있다. 그러므로 산신 기도를 하기 위해서는 3산 5악을 알아두는 것도 중요하다.

산신 기도법

◉ 삼산오악의 산신을 모셨다고 생각하며 기도를 행함

⚜ 순서

분향 ➡ 3배 ➡ 발원 ➡ 108배 ➡ 산왕대신 정근(3산 5악의 산신

모습이나 명호를 관상하면서 염주를 돌리며 칭명염불을 함)

🕯정근

나무 만덕고승 성개한적 산왕대신

南無 萬德高勝 性皆閑寂 山王大神

산왕대신 ➡ (계속) ➡ 산왕대신

영산석일여래촉 위진강산도중생

만리백운청장리 운거학가임한정 고아일심귀명정례

靈山昔日如來囑　威振江山度衆生

萬里白雲青嶂裡　雲車鶴駕任閑情　故我一心歸命頂禮

(이 부분에서 『산왕경』을 독송하기도 함)

소원(3산 5악의 산신이 계신다고 생각하며, 3산 5악의 산신께서 자신의 소원

을 들어주는 것을 세 번 생각함) ➡ 회향(자신의 소원하는 바가 온 우주로 두

루 퍼지면서 반드시 이루어지는 모습을 상상함)

◈회향

원멸 사생육도 법계유정 다겁생래죄업장
아금참회계수례 원체죄장실소제 세세상행보살도

원이차공덕 보급어일체 아등여중생
당생극락국 동견무량수 개공성불도

마지막으로 『반야심경』을 봉독하며 기도를 원만히 마친다.

📖 『산왕경』

대산소산 산왕대신	대악소악 산왕대신
대각소각 산왕대신	대축소축 산왕대신
미산재처 산왕대신	이십육정 산왕대신
외악명산 산왕대신	사해피발 산왕대신
명당토산 산왕대신	금귀대덕 산왕대신
청룡백호 산왕대신	주작현무 산왕대신
동서남북 산왕대신	원산근각 산왕대신
상방하방 산왕대신	흉산길산 산왕대신

천불산공 산왕대신　　도솔불산 산왕대신
천하명산 산왕대신　　팔도명산 산왕대신
오악명산 산왕대신　　천명공덕 산왕대신
수미천축 산왕대신　　명산지주 산왕대신
천명도주 산왕대신　　소구자득 산왕대신
만덕소수 산왕대신　　병득수성 산왕대신
황포수령 산왕대신　　황후천명 산왕대신
소양성공 산왕대신　　동악산신 산왕대신
남악산신 산왕대신　　서악산신 산왕대신
북악산신 산왕대신　　영주산신 산왕대신
나무 시방법계 지령지성 산왕대신

옴 수수 소마니 소마니 훔훔 사바하(3번)

용왕 기도 방법과 성취

용왕이란?

용이란 봉황과 더불어 동아시아를 대표하는 토템이다. 하지만 용이 정확히 무슨 동물인지는 불분명하다. 일설에는 고대에 실재했던 특정 동물이 변형된 것이라고도 하고, 여러 동물들의 이상적인 조합이 용이라고도 한다. 하지만 용 토템은 동아시아에서 가장 오래된 문화라는 점만은 부정할 수 없다. 이는 과거 중국과 고구려의 국경 역할을 했던 요하의 하류인 요하문명에서 돌무더기로 만들어진 8천 년 전 용이 발견되었기 때문이다. 즉 용의 기원은 최소한 8천 년 이전으로 소급해 올라간다.

동아시아의 용은 특정한 동물 종이 아니다. 동아시아에서는 용이 잉어와 같은 수염 난 물고기나, 뱀 또는 거북 등이 오랜 수련으로 극기克己하는 과정을 거쳐 거듭난 것이라고 여긴다. 용이 자기를 이긴 극기의 산물이라는 점에서, 흔히 용은 황제나 임금을 상징하는 동물로 인식된다. 이는 『주역』「중천건괘」의 9·5효 효사爻辭인 "비룡·재천飛龍在天 이견대인利見大人" 즉 "나는 용이 하늘에 있으니, 대인을 보는 것이 이롭다"는 구절을 차용해 세종이 지은 〈용비어천가〉를 통해서 확인해볼 수 있다. 또 「중천건괘」에는 "운종룡雲從龍"이라고 해서 "구름은 용을 따른다"라는 구절도 있다. 이는 동아시아 회화 중 〈운룡도雲龍圖〉의 배경이 된다.

이상과 같은 측면이 동아시아의 용이라면, 우리가 아는 용에는 이와는 다른 인도적인 부분도 존재한다. 인도의 용은 본래 나가Nāga라고 하는 킹코브라이며, 독을 품은 독룡이자 물의 신으로서의 용왕으로 이해된다.

인도에서 나가신앙은 매우 강하다. 이 때문에 화엄성중과 함께 대표적인 불교의 수호신격인 천룡팔부天龍八部의 수장에도 신과 더불어 용이 등장한다. 천룡팔부란 ① 신, ② 용(나가), ③ 야차, ④ 건달바, ⑤ 아수라, ⑥ 가루라, ⑦ 긴나라, ⑧ 마후라가이다. 인도의 나가는 불교를 타고 중국으로 들어오는 과정에서 뜬금없이 용으로 번역된다. 때문에 동아시아의 전통적인 용과 습합되는 모양새가 나타난다. 그 결과 우리는 '동아시아의 하늘을 나는 승천의 용'과 '인도의 용왕'이라는 개념이 혼재된 용 관념을 가지게 되었다. 덕분에 힘들게 승천한 용은 결국 바다 밑으로 가서 용왕이 되는, 마치 번지점프를 하는 것과 같은 웃지 못할 상황을 연출하게 된다.

또 흥미로운 것은 '용' 하면 가장 먼저 떠오르는 이미지 중 하나인 여의주가 사실 불교를 통해서 전래한 인도의 용에 의한 것이라는 점이다. 인도의 용은 이 여의주를 우리가 익히 알고 있듯이 입에 물거나 앞발에 쥐는 것이 아니라 머리 위 상투 속에 넣고 있다. 즉 우리가 알고 있는 용에 대한 정보는 불교의 동아시아 진출이라는 2000년 역사 속에 철저하게 혼재되어 있는 셈이다.

바닷속 용궁의 용왕이라는 개념이 불교를 타고 전래한 인도 용의 관념이라는 점에서, 『심청전』과 『별주부전』 그리고 『서유기』에 등장하는 용왕들은 모두 불교적인 용왕이라는 것을 알 수 있다. 또 이는 『서유기』의 용궁에 왜 여의봉이 등장하는지도 알게 해준다.

우리나라는 3면이 바다로 둘러싸인 반쪽 섬 즉 반도다. 이 때문에 어업이 농업과 함께 큰 비중을 차지한다. 그러나 동해안은 수심이 깊어 고기잡이에 어려움이 있었고, 남해나 서해도 선박건조술이 발달하지 않은 과거에는 그리 상대하기 쉬운 바다가 아니었다. 특히 어로 활동은 물고기의 움직임이라는, 운에 좌우되는 측면이 있다. 이 때문에 어부들은 자신들의 안전과 풍어를 기원하는 뜻에서 용왕에 대해 깊은 믿음을 가지게 된다. 이런 신앙적인 측면을 반영한 것이 바로 불교의 용왕신앙이다.

용왕은 사찰 안에서 삼성각 한편에 모셔진다. 삼성각에는 보통 중앙에 치성광여래불로 형상화한 북극성과 이를 중심으로 좌우에 각각 독성과 산신이 배치된다. 하지만 해안가로 가면 산신 대신 용왕이 그 자리를 차지한다. 이는 해안가에서는 산신의 필연성이 덜하고 용왕신앙이 강력하게 대두하기 때문이다. 즉 산신과 용왕이 맛보기로 등장하고 있는 셈이다.

　　또 일부 사찰에는 개별적으로 용왕만을 모신 공간인 용왕당이 갖춰진 경우도 있다. 용왕당은 보통 연못이나 샘과 같은 구조 속에 존재하는 것이 일반적이다. 이는 용왕이 물의 신이라는 의미를 드러내는 것이다. 사찰에서 산신을 모신 공간이 산신각이나 산령각처럼 각으로 끝나는 것과 달리 용왕당은 당이라는 명칭을 가진 것이 일반적이다. 이는 '당堂'이 '각閣'보다 떨어지는 건축물이라는 점에서, 용왕신앙은 산신신앙보다 격이 한 단계 낮다는 의미로 해석될 수 있다. 물론 이 역시 바다라는 강력한 위험에 직면하게 되면 상황은 180도 달라진다. 때로는 석모도에 있는 보문사나 여수 향일암에서처럼 각보다도 높은 용왕전龍王殿이라는 표현도 등장하기 때문이다. 즉 일반적으로 용왕신앙은 산신신앙에 미치지 못하지만, 자신의 홈그라운드에서는 상황이 역전되기도 하는 것이다.

용왕 기도의 공덕

용왕 기도를 드리는 1차 목적은 해상의 안전과 풍어다. 그러나 오늘날 이 부분은 어업에 종사하는 사람들 외에는 그렇게 큰 비중을 차지하지는 않는다. 그러므로 현대에는 어업에 종사하는 사람들의 신앙으로 제한될 뿐이다.

하지만 용왕신앙이 사찰에서 정월과 가을에 정기적으로 시행되는 방생과 관련된다는 점에서, 용왕기도는 우리와도 중요한 연결점을 가진다. 방생은 잡혀 있거나 죽어가는 생명을 도와서 회복시켜주는 대표적인 선행이다. 부처님께서는 『법구경』에서 "모든 생명 있는 존재는 폭력을 두려워한다. 모든 생명 있는 것들은 죽음을 두려워한다. 그러므로 자기에게 비추어 죽여서는 안 되며, 남을 시켜 죽이게 해서도 안 된다"라고 하셨다. 이런 점에서 본다면, 방생은 '부처님의 가르침을 따르는 가장 위대한 실천'이라고 하겠다.

그런데 일반적인 방생에서는 대부분 물고기를 놓아주고, 그 중에서도 수염 난 물고기가 사용된다. 옛날에는 수염에 권위가 있다고 생각하여, 수염 난 물고기가 물고기 중에 최고라는 인식이 있었기 때문이다. 이런 의미에서 방생에는 수염 난 물고기 중 가장 저렴한 미꾸라지를 사용하곤 한다. 우리 속담에 "미꾸라지가 용 된다"거나 "개천에서 용 난다"라는 말에서 볼 수 있듯 미꾸라지는 용이 될 수 있다는 믿음이 있었기 때문이다. 즉 단순히 죽어가는 생명을 살려주는 자비의 마음과 더불어, 방생에는 용이 되는 어족을 풀어줌으로써 용 신앙과 관련된 가피를 입으려는 목적이 함께 깃들어 있는 것이다.

실제로 중국 황허강의 하진河津에는 잉어가 도약해서 올라가면 용이 된다는 전설이 서려 있는 등용문登龍門이 존재한다. '등용문'이라는 단어는 오늘날까지 출세와 합격이라는 의미로 사용된다. 그래서 학원 이름을 '등용문'이라고 짓는 경우도 있는 것이다.

우리나라에는 이런 풍습이 없지만, 중국에서는 입시나 시험 합격을 앞둔 사람에게 정초에 잉어 그림을 선물하는 풍습이 있다. 즉 열심히 노력해서 용이 되어 승천하라는 의미를 가진다. 이런 점으로 보아, 용왕 기도는 입시나 시험 합격에도 유용하다고 하겠다. 즉 용왕 기도는 현세에 출세하고자 하는 소망을 내포하는 것이다.

또 용에게는 불교를 수호하는 성격도 있다. 이는 〈영산회상도靈山會上圖〉를 비롯한 거의 모든 불교 그림에 용왕과 용녀가 등장하는 것을 통해서 확인해볼 수 있다.

용이 불교를 수호한다는 내용으로 가장 유명한 이야기는 의상대사를 사모한 선묘善妙가 용이 된 이야기다. 일본에서 전해지는 화엄종의 전파와 관련된 내용을 그림과 함께 그린 『화엄연기華嚴緣起』 즉 『화엄종조사회권華嚴宗祖師繪卷』에는 의상과 선묘에 대한 내용이 수록되어 있다. 의상대사는 스승인 지엄智儼의 문하에서 화엄학을 수학한 뒤, 나당전쟁에서 패한 당나라가 서해를 통해 신라

해인사 〈영산회상도〉. 용에게는 불교를 수호하는 성격도 있다. 이는 〈영산회상도〉를
비롯한 거의 모든 불교 그림에 용왕과 용녀가 등장하는 것을 통해 확인해볼 수 있다.

를 기습 침공하려는 계획을 알게 된다. 그래서 급히 배를 타고 귀국길에 오른다. 이때 의상대사를 보필하던 선묘가 이 사실을 뒤늦게 알고 선착장으로 나갔으나, 배는 이미 출항한 뒤였다. 그러자 선묘는 용이 되어 의상대사를 수호하겠다는 원을 세우고 바다로 뛰어들어 자살한다. 이후 용이 된 선묘는 의상의 귀국길을 지켜주고, 또 의상대사가 부석사를 창건할 때 부석을 들어 올리는 이적을 보여 반대파들을 압도한다. 이것이 바로 부석사의 창건과 관련된 연기설화이며, 이를 기려 부석사에는 한 칸짜리 작은 선묘각善妙閣이 모셔져 있다.

이외에도 용에게는 국가를 수호한다는 측면도 존재하는데, 이는 『삼국유사』의 「문무왕법민文武王法敏」에서 확인할 수 있다. 통일을 완수한 문무왕이 동해의 왜구를 제압하기 위해 죽어 용으로 환생했다는 이야기다. 이는 수중릉으로 유명한 대왕암과 문무왕의 아들인 신문왕이 용이 된 아버지가 쉬면서 부처님의 가르침을 들을 수 있도록 물길을 연결해서 건축한 감은사, 그리고 이견대利見臺라는 동해구東海口 삼유적으로 남아 있다. 또 나라를 지키는 용이 된 문무왕에 대한 내용은 『삼국유사』의 「만파식적万波息笛」에서도 확인된다. 즉 이는 용에 얽힌 유물적인 측면이 존재하는 살아 있는 이야기인 셈이다.

『법화경』의 8대 용왕

용왕 기도 역시 '용왕대신'이라는 명호를 부르는 칭명염불을 하는 방식으로 진행된다. 용왕 기도를 할 때에는 동해, 서해, 남해, 북해의 네 바다와 동으로 흐르는 풍요로운 강물을 상상하면서 정근하는 것이 좋다. 동으로 흐르는 강은 예부터 양기가 충만하여 모든 삿된 기운을 물리치고 올바른 기운을 북돋는 것으로 알려져 있다. 이는 6월 15일의 유두절이 동류두목욕東流頭沐浴 즉 '동쪽으로 흐르는 물에 머리 감고 목욕하는 날'인 것을 통해서 방증할 수 있다. 유두가 되면 모든 농사일이 끝나므로 동쪽으로 흐르는 물에 목욕재계하고 하늘에 풍년을 기원한다. 농사는 인간이 하는 것이기도 하지만, 절반은 하늘이 짓는 것이기 때문이다.

또 용왕과 관련해서 불교적으로는 『법화경』의 「서품序品」에 등장하는 8대 용왕이 대표적이다. 이들은 각각 ① 난타難陀, ② 발난타跋難陀, ③ 사가라娑伽羅, ④ 화수길和修吉, ⑤ 덕차가德叉迦, ⑥ 아나파달다阿那婆達多, ⑦ 마나사摩那斯, ⑧ 우발라優鉢羅 용왕이다. 이 중 ⑥ 아나파달다 용왕은 히말라야의 아뇩달지阿耨達池 즉 마나사로바Manasarova 호수에 사는 아뇩달 용왕으로 가장 큰 위신력을 가진 용왕이다. 이런 8대 용왕 외에도 석가모니부처님의 깨달음과 관련해서 전후에 등장하는 호법신인 무찰린다 용왕 역시 중요하다.

용왕 기도법

⊙ 사해四海의 용왕이나 8대 용왕을 모셨다고 생각하고 기도를 행함

순서

분향 ➡ 3배 ➡ 발원 ➡ 108배 ➡ 용왕대신 정근(사해의 용왕 또는 8대 용왕의 모습이나 명호를 관상하면서 염주를 돌리며 칭명염불을 함)

정근

나무 삼주호법 위태천신 용왕대신

南無 三洲護法 韋駄天神 龍王大神

용왕대신 ➡ (계속) ➡ 용왕대신

시우행운사대주 오화수출구천두
도생일념귀무념 백곡이이해중수 고아일심귀명정례

施雨行四大洲　五花秀出九天頭
度生一念歸無念　百穀以利海衆收　故我一心歸命頂禮

소원(사해의 용왕이나 8대 용왕이 계신다고 생각하며, 사해의 용왕이나 8대 용왕께서 자신의 소원을 들어주는 것을 세 번 생각함) ➡ 회향(자신의 소원하는 바가 온 우주로 두루 퍼지면서 반드시 이루어지는 모습을 상상함)

◉회향
원멸 사생육도 법계유정 다겁생래죄업장
아금참회계수례 원제죄장실소제 세세상행보살도

원이차공덕 보급어일체 아등여중생
당생극락국 동견무량수 개공성불도

마지막으로 『반야심경』을 봉독하며 기도를 원만히 마친다.

칠성 기도 방법과 성취

칠성이란?

선사시대 우리나라를 대표하는 유적 가운데 세계적으로 유명한 '윷판형 암각화'라는 것이 있다. 이것이 후일 우리에게 익숙한 윷놀이 판의 원형인데, 이는 사실 가장 오래된 동아시아의 〈천문도天文圖〉이다.

　　윷판은 중앙의 북극성을 중심으로 동서남북에 각각 일곱 개별로 이루어진 북두칠성을 배치한 형상을 단순화한 그림이다. 지구의 자전축과 일치하는 북반구의 대표적인 별은 북극성이다. 고대 동아시아인들은 이 북극성을 중심으로 북두칠성의 위치와 변화를 통해서 방위를 인식했다. 이것을 놀이와 접목시켜 후대에게 효율적으로 가르친 것이 바로 윷놀이다. 마치 서양에서 밤하늘의 여러 별들을 연결시켜 별자리를 만들고 이를 후손들에게 교육시킨 것처럼, 동아시아에서는 북극성과 북두칠성을 통한 학습이 이루어진 것이다.

북극성은 북반구에서는 움직이지 않는 우주의 중심 별이다. 이로 인해 동아시아에서 북극성은 지존인 황제에 비견되곤 한다. 『논어』의 「제2 위정爲政」에는 "뭇 별들이 북극성을 향하는 것과 같다"는 구절이 있는데, 바로 이와 같은 관점에 따른 것이다.

하지만 작은곰자리의 북극성은 우주의 배꼽 같은 기준이 될 뿐, 우리에게 방위를 알 수 있게 해주는 것은 큰곰자리에 속하는 국자 모양의 북두칠성이다. 이런 점에서 북극성은 황제에, 북두칠성은 실무를 관장하는 대신들에 비유되곤 한다. 즉 여기에서 북두칠성이 우리의 길흉화복을 관장한다는 칠성신앙이 나타났다.

전 세계에서 확인되는 별 숭배 가운데, 동아시아에서는 칠성신앙이 가장 대표적이다. 이 칠성신앙은 불교의 전래와 함께 불교와 습합되기 시작한다. 이를 간략히 정리하면 다음과 같다.

북두칠성	별 이름	도교식 명칭	불교식 명칭	관장하는 능력
제1성	천추성 天樞星	탐랑성군 貪狼星君	운의통증여래불 運意通證如來佛	자손에게 만 가지 복덕을 준다
제2성	천선성 天璇星	거문성군 巨文星君	광음자재여래불 光音自在如來佛	일체의 장애와 액난을 소멸시킨다

제3성	천기성 天機星	녹존성군 祿存星君	금색성취여래불 金色成就如來佛	일체의 업장을 소멸한다
제4성	천권성 天權星	문곡성군 文曲星君	최승길상여래불 最勝吉祥如來佛	상서로운 일을 성취시켜준다
제5성	옥위성 玉衛星	염정성군 廉貞星君	광달지변여래불 廣達智辯如來佛	중생들의 백 가지 장애를 소멸시켜준다
제6성	개양성 開陽星	무곡성군 武曲星君	법해유희여래불 法海遊戲如來佛	복덕을 두루 갖추어준다
제7성	요광성 搖光星	파군성군 破軍星君	약사유리광여래불 藥師琉璃光如來佛	건강하고 장수하게 해준다

북두칠성과 마찬가지로 북극성 역시 도교와 불교적인 명칭이 있는데, 이는 각각 자미대제紫微大帝와 치성광여래불熾盛光如來佛이다. 북두칠성은 삶 속에서 길흉화복을 주관하는 동시에 전통신앙에서는 인간의 목숨을 거두어가는 죽음의 신이기도 하다. 그렇기 때문에 우리나라의 장례법에서는 죽은 사람을 염습할 때 북두칠성을 상징하는 칠성판에 뉘여 일곱 번 묶는다.

서양에서는 메소포타미아 문명의 영향으로 숫자 7이 『구약성서』의 천지창조 기간이 되는 동시에 행운의 숫자로 인식된다. 하지만 동아시아에서 7은 죽음을 상징하는 숫자일 뿐이다. 그러므로 죽음을 연장하기 위해서 7월 7일 칠석날에, 칠성에게 실타래를 올려놓고 오래 살기를 기원하는 칠성의례를 행하고는 했다. 사찰에서는 이를 칠석불공이라고 한다. 또 이때 중국에서 만들어진 『북두칠성연명경北斗七星延命經』 즉 북두칠성을 찬탄하여 수명을 늘리는 경전을 독송하기도 하는데, 이는 모두 북두칠성이 죽음의 신이라는 전제를 깔고 있는 의례다.

『상서(서경)』의 「홍범」에는 인간이 원하는 5복이 수壽, 부富, 강녕康寧, 유호덕攸好德, 고종명考終命으로 열거되어 있다. 그런데 이중 첫째가 바로 수명 즉 장수다. 과거에는 평균수명이 짧았고, 돌발적인 위험에 노출되어 사람들이 쉽게 죽었기 때문이다. 하지만 오늘날에는 과학과 의료의 발달 및 위생 상태의 개선으로 평균수명이 급격히 늘었다. 이런 상황에서 이제는 더 이상 장수가 인간이 선호하는 이상이 되기는 어렵다. 그러므로 칠성신앙은 장수보다는 현세적인 복덕구족과 길흉화복의 주관자라는 측면에서 접근하는 것이 타당하다.

사찰에서는 삼성각의 중앙에 북극성과 북두칠성을 모시고 있다. 또 사찰에 따라서는 이를 모시는 별도의 전각이 존재하기도 한다. 조선시대 교종수사찰敎宗首寺刹인 남양주 봉선사에는 삼성각을 별도로 분리시킨 북두각北斗閣이 존재하며, 선종수사찰禪宗首寺刹인 강남 봉은사에는 북극보전北極寶殿이 있다. 이 두 사찰은 조선 왕실의 여인들 즉 비빈들이 의지하던 곳이다. 이는 봉선사의 북두각과 봉은사의 북극보전이 특별한 의미로 존재했다는 것을 의미한다. 그 특별함이란 바로 기자祈子 즉 아들을 점지하고 왕실의 자

스님, 기도는 어떻게 하는 건가요?

녀를 보호하는 역할이다.

두 전각 가운데 보다 영험한 곳으로 평가되는 곳은 봉은사의 북극보전이다. 그 이유는 북두칠성을 모신 전각으로서는 한국불교사상 유일하게, 대웅전이나 관음전과 같은 '전'의 명칭이 사용되기 때문이다. 즉 봉은사의 북극보전은 아이의 탄생과 보호와 관련해서는 불보살을 모신 전각에 필적할 정도로 최고의 전각이었던 것이다.

북두각이나 북극보전이 아이의 탄생 및 보호와 관련될 수 있는 것은 이곳에 북극성과 북두칠성 외에도 남극노인성南極老人星이 존재하기 때문이다. 남극노인성은 북극성이 북반구를 대표하는 것에 상응하는 남반구를 대표하는 중심 별이다. 그런데 이 남극노인성이 도교에서는 북두칠성에 상대하는 생명을 주는 신으로 등장한다. 그러므로 북두각과 북극보전에서 기도하면, 남극노인성의 작용으로 아이를 낳을 수 있고 북두칠성의 보호로 인해 아이가 무탈하게 성장하게 된다. 이렇게 본다면, 북두각과 북극보전 속에는 생명과 죽음이 공존하고 있다고 하겠다.

칠성 기도의 공덕

칠성 기도에는 북극성과 남극노인성에 대한 측면도 두루 포함된다. 그러므로 칠성 기도를 하게 되면, 일차적으로는 별들의 제왕인

원효암 칠성각. 인간의 수명이 짧고 남아선호가 강했던 과거에 칠성신앙은 무척이나 중요했다. 이 때문에 칠성은 불교와 무관한 전통 신앙임에도 불구하고 불교 안에 당당히 자리 잡을 수 있었다.

북극성의 기운을 받아 부귀하고 존귀해지는 상황이 발생한다. 북극성의 도교식 명칭인 자미대제는 자미원紫微垣에 사는데, 이런 자미원을 모사해서 황궁을 지은 것이 바로 진시왕의 함양궁咸陽宮이다. 또 명·청 시대의 고궁인 자금성紫禁城의 명칭 역시 자미대제와 같은 자색紫色에서 차용하였다. 자색은 황색과 더불어 황제와 부처님을 상징하는 색이다. 그런데 황색보다도 자색이 더 존귀하고 품격이 높다. 이는 자금성이 '자색의 금지된 성'이라는 의미를 가지는 것과, 불국사의 대웅전으로 진입하는 문이 자하문紫霞門 즉 '자줏빛 안개의 문'이라는 점 등을 통해서 확인해볼 수 있다.

칠성 기도의 이차적인 영험은 앞서도 언급한 아이의 탄생 및 건강과 높은 성취도의 성장이다. 오늘날에는 결혼 적령기가 늦춰지면서 임신이 커다란 화두로 등장하였다. 또 예전과 달리 한 자녀 가정이 많으므로 아이의 행복한 성장과 성취 역시 무척이나 중요한 측면으로 자리매김한 지 오래다. 이런 점에서 아이를 위한 칠성기도는 중요한 의미를 차지한다.

칠성 기도의 삼차적인 영험은 북두칠성이 관장하고 있는 복덕과 길흉화복의 주관자라는 측면이다. 현대적 인식에서는 "별이 무슨 길흉화복을 주관할 수 있느냐?"고 할는지도 모른다. 그러나 이 세상에는 문화권적 에너지라는 것이 존재한다. 마치 우리가 허리를 굽히는 동작을 하면 동아시아 문화권에서는 인사와 공경의 표현으로 받아들여지지만, 이러한 동작에 익숙하지 않은 아프리카나 남아메리카에서는 이를 인사와 공경의 표시로 해석할 수 없다. 이런 특정한 문화권에서 특정한 문화코드로 작동하는 측면을 문화권적 에너지라고 한다. 이는 역사와 전통이 오래되면 지문처럼 그 문화권에 속한 사람들에게 영향을 주는 측면을 의미한다.

이를 보고 "플라세보효과가 아니냐?"고 할지도 모른다. 하지만 플라세보효과는 현재 나의 믿음에 따른 착각이지만, 문화권적 에너지는 전통과 인습에 의한 보편적 관념이라는 점에서 차이가 크다. 즉 플라세보효과는 내 안의 일인 반면, 문화권적 에너지는 동일한 문화권의 사람들에게 공유되는, 타자와의 관계 속에서도 영향을 발휘하는 측면이라는 말이다. 이런 점에서 동아시아 문화권에서 칠성 기도를 하게 되면 복덕이 증장하고 길흉화복이 바뀌는 변화가 발생할 수 있는 것이다.

칠성 기도의 사차적인 영험은 장수다. 이 역시 문화권적 에너지에 따른 감응인데, 장수에는 일반적으로 건강이 포함된다는 점에서 무병장수로 이해해도 큰 무리는 없다. 오늘날 장수에 대한 우리의 관심은 유사 이래 가장 낮다. 그러나 오래 사는 사회일수록 상대적으로 건강의 중요성은 더욱더 부각될 수밖에 없다. 이런 점에서 건강에 대한 기원은 칠성 기도와 관련해서 무척이나 중요한 측면이라고 하겠다.

인간의 수명이 짧고 남아선호가 강했던 과거에 칠성신앙은 무척이나 중요했다. 이 때문에 칠성은 불교와 무관한 전통 신앙임에도 불구하고 불교 안에 당당히 자리 잡을 수 있었다. 그러나 오늘날 칠성신앙은 불교와 무관한 별 숭배라는 점에서, 사찰 안에서도 점차 비중이 낮아지고 있다. 여기에 백중의 우란분절 기도가 확대되면서 칠성 기도의 핵심이 되는 칠석날이 우란분절 기도 속에 편입되어버렸다. 즉 이제 사찰에서는 칠성 기도의 비중이 그 어느 시대보다도 약해졌다. 그러나 칠성 기도는 위에서 언급한 바와 같이 총 네 가지나 되는 필요한 측면을 확보하고 있다. 이런 점에서 칠성 기도 역시 잘 지켜 나가야 할 소중한 기원 방식인 동시에 우리의 자랑스러운 무형유산이라고 할 수 있다.

칠성 기도법

칠성 기도는 북극성이 아닌 북두칠성을 부르는 칭명염불 구조로 되어 있다. 즉 북극성은 지존으로서 움직이지 않는 반면에, 북두칠성은 끊임 없이 북극성의 주위를 돌면서 인간들의 삶에 개입하며 행복한 방향을 제시하고 있다.

⊙ 치성광여래(자미대제)와 칠원성군을 모신다고 생각하며 기도를 행함

칠원성군 정근

♨ 순서
분향 ➡ 3배 ➡ 발원 ➡ 108배 ➡ 칠원성군 정근(치성광여래와 칠원성군의 모습이나 명호를 관상하며 염주를 돌리며 칭명염불을 함)

♦ 정근
나무 북두대성 칠원성군
南無 北斗大星 七元星君

칠원성군 ➡ (계속) ➡ 칠원성군

영통광대혜감명 주재공중영무방
나열벽천임찰토 주천인세수산장 고아일심귀명정례

靈通廣大慧鑑明　住在空中映無方
羅列碧天臨剎土　周天人世壽算長　故我一心歸命頂禮

소원(치성광여래와 칠원성군이 계신다고 생각하며, 치성광여래와 칠원성군 께서 소원을 들어주는 것을 세 번 생각함) ➡ **회향**(자신의 소원하는 바가 온 우주로 두루 퍼지면서 반드시 이루어지는 모습을 상상함)

⬥회향

원멸 사생육도 법계유정 다겁생래죄업장
아금참회계수례 원제죄장실소제 세세상행보살도

237

원이차공덕 보급어일체 아등여중생
당생극락국 동견무량수 개공성불도

마지막으로『반야심경』을 봉독하며 기도를 원만히 마친다.

나반존자 기도 방법과 성취

나반존자와 빈두로존자

나반존자는 삼성각에 치성광여래불 및 산신과 함께 모셔지는, 소위 독성獨聖으로 알려진 신통력 높은 인물이다. 독성이란 '홀로 깨달았다'는 의미로 인도불교에서는 "일체에는 불변하는 자기 동일성이 존재할 수 없다"는 연기법을 통해서 홀로 깨달은 연각緣覺, 즉 독각獨覺을 의미한다. 또 존자尊者라는 단어는 수행이 높아서 깨침을 얻은 부처님의 제자에 대한 표현이다. 그러므로 나반존자란 '나반'이라는 이름을 가진, 홀로 수행하기 좋아하고 깨달음을 얻은 부처님의 제자라는 의미다. 즉 나반존자는 시쳇말로 하면 스스로 '왕따'를 즐기는 왕따 존자인 셈이다. 일설에 나반존자는 남

인도 천태산天台山에서 수행하며 깨달음을 얻은 분이라는 기록도 있다. 하지만 이는 경전에서는 찾을 수 없는 야사 같은 이야기다.

　　나반신앙에 관한 기도문을 보면 "나반존자는 천태산에서 홀로 선정을 닦으며 열반에 들지 않고 미륵부처님의 용화세계가 오기를 기다린다天台山上 獨修禪定, 不入涅槃 待俟龍華"는 내용이 있다. 이로써 우리는 나반존자가 천태산에 머문다는 것과 열반하지 않고 미륵을 기다린다는 두 가지 사항을 알 수 있다.

　　먼저 뒤의 내용인 열반하지 않고 미륵을 기다린다는 점은 나반존자가 나한신앙의 연장선상에 존재한다는 것을 분명히 한다. 앞의 십육나한신앙과 관련하여, 이분들의 특징 중 하나가 영원히 열반에 들지 않고 이 세계에 머물며 불교를 수호하고 중생들의 바람을 들어준다는 점을 언급한 바 있다. 또 부처님의 제자 중 부처님께서 열반에 드신 뒤 제자들을 추슬러 가르침을 결집하는 마하가섭은 부처님께 "열반에 들지 말고 당신의 가사를 미래에 올 미륵불에게 전달하라"는 사명을 받게 된다. 이 때문에 마하가섭은 열반하지 않고 인도 마가다국의 계족산鷄足山에 들어가서 미륵불이 올 때까지 선정에 잠긴다. 마하가섭 역시 나한이다. 이런 점에서 본다면, 나반존자가 열반하지 않고 미륵을 기다린다는 것은 나한신앙과 관계된다는 것을 알 수 있다.

　　다음에는 나반존자가 산다는 천태산에 대한 이야기다. 천태산은 남인도에 있다고 하지만 그곳이 어디를 말하는지는 알 수 없다. 또 천태산이라는 명칭 역시 동아시아에서 북극성의 기운이 비치는 곳이자, 북두칠성의 바깥쪽에 위치한 삼태육성三台六星의 기운이 지상에 맺힌 곳이라고 한다. 그렇기 때문에 '천태天台'라는 명칭이 붙었다. 즉 천태라는 이름은 인도식 명칭이 아니라는 말이다. 실제로 중국 저장성에 천태산이 있는데, 이곳은 불교 이전에는 도교의 성지였고, 수나라 때 지자대사智者大師 지의智顗가 주석하면서 천태종의 시원지이자 총본산이 된다. 그런데 이 천태산에는 별도로 중국 5백나한신앙의 중심지인 방광사方廣寺가 있다. 이런 점으로 본다면, 나반존자를 천태산 방광사와 관련된 나한신앙의 일부로 이해하는 것도 가능하다.

실제로 나반존자를 십육나한 중 첫 번째로 등장하는 빈두로존자로 이해하는 경우도 있다. 『양고승전』의 도안道安스님(314~385)에 대한 기록에는 빈두로존자의 모습이 "머리가 하얗고 눈썹이 길다"고 되어 있는데, 이는 나반존자의 형상과 흡사하다. 하지만 『사분율』 등에 따르면, 빈두로존자는 코살라국의 사위성에서 신통을 보인 것이 문제가 되어 부처님께 책망을 듣는다. 그리고는 우리가 사는 세계인 남섬부주의 반대쪽에 위치한 북구로주에서 열반에 들지 않고 불교를 수호하며, 중생들을 위해서 바람을 들어준다고 되어 있다. 즉 천태산과는 특별히 관계가 없는 것이다. 이런 내용들을 종합해본다면, 나반존자는 인도불교와 관계가 있는 분이라기보다 중국 천태산에 불교가 들어가기 전부터 존재하던 신선과 관

순천 선암사 〈나반존자도〉. 나반존자 기도의 영험은 빠르고 확실하다. 하지만 동시에 변칙적이며, 기도자가 부정을 타면 징벌적인 재앙을 내리기도 한다. 쉽게 말해서 도깨비 같은 변칙적인 특이성을 가지는 존재가 바로 나반존자다.

련된 분으로, 불교의 나한신앙과 습합하면서 완성된 존재라고 판단된다. 이런 점에서 나반존자를 모시는 나반신앙은 나한신앙과 유사하지만, 그럼에도 뚜렷한 차이가 존재한다.

　　나반신앙은 역설적이게도 조선 후기에 번성하였으며, 사찰에서는 삼성각 안에 모신 것이 일반적이다. 나반신앙의 최대 성지인 청도 운문사 사리암에는 천태각天台閣이 존재하며, 해인사 희랑대에는 중심 전각으로 독성전獨聖殿이 확인된다. '전殿'이 '각閣'보다 건축적으로 격이 높다는 점에서, 희랑대가 사리암보다 나반존자에 대한 신앙과 예우가 더 극진하다는 것을 알 수 있다. 이외에도 부산 범어사나 밀양 표충사, 서울 진관사 등에 독성전이 있고, 합천 해인사나 계룡산 신원사, 강진 백련사 등에는 독성각이 존재한다.

나반존자 기도의 공덕

나반신앙은 지극히 현세적이고 말초적인 인간사의 문제들을 해결한다고 알려져 있다. 즉 모든 자질구레한 민원들을 처리하는 것이 바로 나반존자다. 하지만 나반존자의 기도와 관련해서는 목욕재계를 하고 공양물을 올려야 하는 등 엄격함이 뒤따른다. 소위 말해서 부정 타는 것을 꺼리는 면과 기브 앤 테이크, 즉 대가성이 존재한다는 말이다.

나반존자 기도의 영험은 빠르고 확실하다. 하지만 동시에 변칙적이며, 기도자가 부정을 타면 징벌적인 재앙을 내리기도 한다. 쉽게 말해서 도깨비 같은 변칙적인 특이성을 가지는 존재가 바로 나반존자다. 그러므로 반드시 해결해야 하는, 발등의 불과 같은 급한 문제가 있다면 나반존자 기도를 올려보는 것도 한 방법이 되겠다. 다만 나반존자 기도 중간에는 몸과 마음을 재계해서 부정을 타면 안 된다는 점을 명심해야 한다.

나반존자 기도법

⊙ 나반존자를 모셨다고 생각하고 기도를 행함

🪔 순서

분향 ➡ 3배 ➡ 발원(세 번 아룀) ➡ 108배 ➡ 나반존자 정근(나반
존자의 모습이나 명호를 관상하면서 염주를 돌리며 칭명염불을 함)

💧정근

나무 천태산상 독수선정 나반존자

南無. 天台山上 獨修禪定 那畔尊子·

나반존자 ➡ (계속) ➡ 나반존자

나반신통세소희 행장현화임시위
송간은적경천겁 생계잠형입사유 고아일심귀명정례

那畔神通世所稀　行藏現化任施爲
松間隱跡經千劫　生界潛形入四維　故我一心歸命頂禮

소원(나반존자가 계신다고 생각하며 나반존자께서 자신의 소원을 들어주는
것을 세 번 생각함) ➡ 회향(자신의 소원하는 바가 온 우주로 두루 퍼지면서
반드시 이루어지는 모습을 상상함)

◦회향
원멸 사생육도 법계유정 다겁생래죄업장
아금참회계수례 원제죄장실소제 세세상행보살도

원이차공덕 보급어일체 아등여중생
당생극락국 동견무량수 개공성불도

마지막으로『반야심경』을 봉독하며 기도를 원만히 마친다.

진언 또는 다라니 기도 방법과 성취

진언 문화와 부적 문화

인도와 유럽은 아리안족이라는 공통의 조상과 문화 배경을 가지고 있다. 이를 흔히 인도·유럽어족이라고 한다. 이들은 언어가 발전했으며, 이로 인해 논리학이나 수사학 또는 웅변학이 부각된다.

　　미국이나 유럽 정치인과 우리나라 정치인의 가장 큰 차이점 중 하나로, 나는 대중 연설 능력을 꼽고는 한다. 미국이나 유럽의 정치인들은 마치 농익은 연예인이 연기를 하듯 자연스럽게 연설하는 반면, 우리 정치인들은 신인 연기자의 발연기를 보는 듯하거나 아예 연설문을 깔고서 읽는 수준이다.

　　왜 우리 정치인들은 대중 연설을 잘 못할까? 『논어』를 보면 그 해답이 보인다. 공자의 말로 "교언영색巧言令色, 선의인鮮矣仁"이라는 말이 있다. 즉 "그럴듯하게 말을 잘하고 얼굴빛을 좋게 하는 사람치고 어진 사람은 거의 없다"는 말이다. 이는 말 잘하는 것에 대한 부정적인 관점을 읽을 수 있는 대목이다. 실제로 『노자』 56장에는 "지자불언知者不言 언자부지言者不知"라고 해서, "아는 이는 말하지 않고 말하는 자는 알지 못한다"는 말이 있다. 또 『장자』 「잡편」의 「외물外物」에는 "득의이망언得意而忘言"이라고 하여, "뜻을 얻으면 말을 잊어라"라고 하였다. 전체적으로 중국문화에는 말보다 뜻을 중시하는 관점이 존재한다는 것을 알 수 있다. 즉 초코파이 광고처럼 "말하지 않아도 알아요"라는 침묵의 문화가 존재하는 것이다.

여기에 덧붙여 『주역』의 「계사상전繫辭上傳」에는 "언부진의言不盡意 … 입상의진의立象以盡意"라는 내용이 있다. 즉 "말로는 뜻을 다 드러낼 수 없으니, 상징적인 형상을 세워 뜻을 다한다"는 내용이다. 이는 말보다는 상징을 우선시한다는 점에서 주목할 수 있다. 여기에서 상징은 정확하게 『주역』의 괘를 나타내는 그림이다. 태극기의 건곤감리 같은 측면을 생각하면 되겠다. 즉 말이 아닌 그림 문화가 바로 중국문화인 것이다. 이런 문화 배경으로 만들어진 것이 바로 길흉화복에 변화를 줄 수 있는 그림 즉 부적이다.

인도·유럽어족의 언어에 대한 신뢰는 '진실한 말'이라는 진언 문화를 만들어냈다. 그리고 언어를 신뢰하지 않고 그림을 우선시하는 동아시아에서는 신비한 에너지를 내포한 부적이 발달했다. 불교는 인도문화를 배경으로 한다. 그러므로 불교에는 당연히 진언이나 긴 진언인 다라니가 강력한 에너지를 가지고 길흉화복을 조절할 수 있다는 진언 문화가 존재하게 된다. 불교의 진언 문화는 부처님 당시까지 거슬러 올라간다. 독사에게 물렸을 때 독을 치료하는 오독주五毒呪와 같은 것이다. 이후 진언과 다라니는 대승불교에 이르면 화려한 꽃을 피우게 되고, 비밀불교인 밀교 시대가 되면 과도할 정도로 난숙한 상황에 이르게 된다. 아무래도 밀교는 비밀불교이다 보니 알아듣는 것보다는 못 알아듣는 신비로운 작용에 치중한다. 이런 밀교의 영향이 고려 후기 원 간섭기에 티베트불교를 타고 우리나라를 강타한다. 때문에 한국불교는 오늘날까지도 불교의례에 진언과 다라니가 차지하는 비중이 매우 높게 나타나게 된다.

진언과 다라니의 범주 구분 및 종류

진언과 다라니는 한국불교의 거의 모든 측면에 다양하게 편재한다. 하지만 이를 범주로 구분하면 크게 '의식용 진언'과 '기도용 진언'의 두 가지로 나눌 수 있다. 예컨대 거의 모든 불교의식에 빠짐없이 등장하는 개단진언·건단진언이나, 사다라니 즉 보공양진언·보회향진언·원성취진언·보궐진언과 같은 것은 의식용 진언에 해당한다. 이에 비해 앞선 '가장 강력한 진언과 『천수경』'에서 언급한 반야심경진언·육자대명왕진언·신묘장구대다라니·수능엄신주·사대주·법신비로자나진언·츰부다라니·광명진언 같은 것들은 기도 성취와 가피를 위한 기도용 진언이라고 할 수 있다. 의식용 진언은 불교의식을 주체적으로 집전하고 인도해야 하는 스님들의 진언이다. 그러므로 이 책에서 중요한 것은 두 번째 기도용 진언이라고 하겠다.

기도용 진언 또한 다시금 그 안에서 '진리 중심이냐' '찬탄 중심이냐' '액난 소멸을 목적으로 하느냐'에 따라 세부적으로 구분된다. 각 기도용 진언의 의미에 대해서는 앞에서 언급한 바가 있으므로 생략하고, 여기에서는 이들 진언의 갈래를 구분하는 부분만 제시해보고자 한다.

먼저 반야심경 진언·육자대명왕진언·법신비로자나진언·광명진언은 진리를 가까이하여 깨침의 빛이 나와 주변을 두루 비춰 모든 삿된 어두움이 범접하지 못하도록 하는 것이다. 즉 진리를 바로 세워 삿된 것을 깨뜨리고 올바른 것을 드러내는 파사현정의 진언이라고 하겠다.

다음은 신묘장구대다라니와 츰부다라니. 이들 다라니는 각각 관세음보살과 지장보살을 찬탄하여 이분들을 닮아가는 동시에 가피를 얻어 장애 없는 행복한 삶의 전개를 목적으로 한다. 이런 점에서 이 두 다라니는 찬탄형으로 구분할 수 있다.

스님, 기도는 어떻게 하는 건가요?

마지막은 수능엄신주와 사대주로 이는 모든 액난과 재앙을 물리치고 복됨을 이루는 진언이다. 사대주 안에는 조금 성격이 다른 네 가지 진언이 한데 섞여 있다. 실제로 수능엄신주에는 파사현정의 진리 중심적인 측면도 다분히 존재한다. 하지만 수능엄신주를 간략히 축약한 형태가 사대주 안에 존재하므로, 여기에서는 사대주 같은 액난소멸 진언류에 포함된다고 구분해보았다. 사대주는 전통적으로 한데 묶여 벽사초복辟邪招福의 의미로 사용되곤 했다.

벽사초복이란 삿됨을 물리치고 복을 부른다는 의미다. 이상의 내용을 간략히 정리해서 제시하면 다음과 같다.

진언의 범주 구분

❶ 의식용 진언 ─ 사다라니 등 불교의식에만 사용되는 진언

❷ 기도용 진언
　　❶ 진리 중심 진언 ─『반야심경』진언 등
　　❷ 찬탄 중심 진언 ─ 신묘장구대다라니 등
　　❸ 액난 소멸 진언 ─ 사대주 등

진언과 다라니 기도의 공덕

중국불교의 3대 역경가 즉 번역자는『금강경』과『묘법연화경』번역으로 친근한 구마라집,『대승기신론』으로 유명한 진제眞諦(499~569) 그리고『반야심경』번역으로 널리 알려진 현장이다. 또 4대 역

진언과 다라니 기도에는 쉽게 말해서 내용 이해가 필요 없다. 그러므로 강력한 종교적
에너지를 만들어내는 방법 중 가장 쉽고 빠르며 간단하다.

경가를 꼽을 때는 여기에 『남해귀기내법전南海歸寄內法傳』의 찬술자로 설일체유부의 많은 전적을 번역한 의정義淨(635~713)을 든다. 하지만 이 중에서 보다 중요한 것은 구마라집과 현장이며, 이들 번역을 각각 구역舊譯과 신역新譯이라고 한다. 즉 이분들은 각기 나름의 번역 기준을 확립하여 중국불교사에 한 획을 그었던 분들인 셈이다. 이런 기준 중 하나로 제시되는 것이 "진언과 다라니는 번역하지 않는다"는 내용이 포함된 현장의 오종불번五種不翻 원칙이다. 즉 진언과 다라니는 번역 대상이 아니라 단순히 독송의 대상일 뿐이란 말이다. 이는 진언과 다라니를 통해서 발생하는 에너지는 뜻을 아는 부분에 방점이 있는 것이 아니라, 정확한 발음을 답습하는 것에 있음을 의미한다.

불교에는 강력한 종교적 에너지를 만들어내는 네 가지 방법이 있다. 첫째는 경전을 공부하면서 생각이 열리며 만들어지는 깨달음의 에너지다. 여기에서 에너지를 만들어내는 중요한 통로는 경전에 대한 올바른 이해와 학습이다. 둘째는 불교의식을 통해서 만들어지는 의례의 에너지다. 이는 특정한 종교의식을 법식에 맞춰 진행할 때 만들어진다. 셋째는 명상 즉 참선을 통해서 만들어내는 에너지다. 이는 정신 집중과 관조를 통해서 발생하며, 내면의 통제와 외부적인 사건의 변화를 만들어낼 수 있다. 마지막 넷째는 진언과 다라니를 반복적으로 독송할 때 발생하는 에너지다. 진언과 다라니 기도의 목적은 강력한 에너지를 발생시켜 삶과 죽음 속의 모든 문제와 재앙을 소멸하고 행복이 충만하도록 한다.

진언과 다라니 기도에는 쉽게 말해서 내용 이해가 필요 없다. 그러므로 네 가지의 에너지를 만들어내는 방법 중 가장 쉽고 빠르며 간단하다. 하지만 그 핵심에 독송이 있기 때문에 정확한 발음이 중요하다. 특히 진언과 다라니는 고대 인도어를 음역하여 독송자가 그 내용을 알 수 없고, 틀려도 틀렸다는 인식이 없다. 그러므로 정확한 발음에 유의해야 한다. 마치 어린 시절 뜻을 모르는 팝송이나 상송을 따라 부르는 것과 유사한 상황이라고 이해하면 되겠다.

발음과 관련해서 최근에 논란이 되는 문제가 하나 있다. 그것은 우리가 답습하고 있는 진언과 다라니가 요즘 사용되는 인도 발음과는 다르다는 점이다. 예컨대 우리는 "아제아제 바라아제 바라승아제 모지 사바하"라고 하지만, 인도에서는 "가테가테gate-gate 파라가테para-gate 파라삼가테para-samgate 보디 스바하bodhi-svaha"라고 발음하기 때문이다. 이로 인해 우리 발음을 버리고 인도식 발음으로 바꾸자는 주장이 대두되곤 한다. 이런 견해는 그것이 현대 인도어라면 충분히 타당한 주장이다. 그러나 고대 인도어는 오늘날 우리가 아는 인도어와는 발음이 다르다는 점을 이해할 필요가 있다. 즉 고대의 사람들이 현대와 같은 발음을 하고 살지 않았다는 말이다. 그러므로 오늘날 인도 발음은 고대 인도 발음을 모사한 진언과 다라니에 대한 표준 발음이 될 수 없다.

한자 '孔子'를 우리는 '공자'라고 발음하지만 중국인들은 '콩쯔'라고 읽는다. 이럴 경우 현대 중국어라면 당연히 우리 발음이 잘못된 것이다. 하지만 고대 발음으로 거슬러 올라가면, 역설적이게도 우리의 공자 발음이 현대 중국인들이 사용하는 콩쯔 발음보다 더 오래된 유사 발음이 된다. 이런 이유는 중국인들의 언어 변화 속도가 전파 지역인 우리의 언어 변화 속도보다 빠르기 때문이다.

우리말로 생각해보면 이해가 쉽다. 오늘날 한국말을 사용하는 집단은 남한과 북한 그리고 연변이 대표적이다. 이 중에서 가장 정통적인 한국말은 조선 이래의 수도인 서울이 포함되어 있는 남한에 있다. 즉 남한 → 북한 → 연변 순이다. 하지만 고어의 옛 발음이 가장 잘 보존된 지역은 정반대로 연변 → 북한 → 남한 순이다. 왜냐하면 전파된 지역은 본토에 비해서 상대적으로 언어의 변화 속도가 더디기 때문이다. 오늘날 남한은 인터넷과 스마트폰의 발달로 언어의 변화 속도와 폭이 매우 빠르고 넓다. 때문에 동시대에서도 젊은이들의 언어를 기성세대가 잘 못 알아듣는 상황이 연출되곤 한다. 전파된 지역은 언어에 대한 이해가 본토에 비해 떨어진다. 그러므로 언어를 바꾸고 변화시키는 능력이 제한될 수밖에 없다. 이것이 고어로 올라갈수록 본토보다 전파된 지역의 말의 발음이 정당성을 가질 수 있는 이유다.

현장이 진언과 다라니를 음역해놓으면, 동아시아 불교도들은 그 뜻을 모르기 때문에 계속 동일한 발음만 반복하며 전하게 된다. 이는 인도인들이 발음을 변화시키는 것과는 전개 양상이 완전히 다르다. 때문에 발음이 중요한 진언과 다라니 발음의 정확도는 오늘날의 인도어보다 우리 불교 속에 더 많이 남아 있다. 그러므로 진언과 다라니 기도는 우리 전통 발음에 입각하여 반복하는 것이 더 타당하고 유효한 방법이 된다.

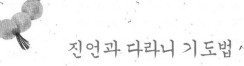

진언과 다라니 기도법

진언과 다라니 기도는 특별한 방법 없이 정확한 발음의 단순 반복으로 이루어진다. 이때 진언과 다라니의 독송을 통해서 발생하는 에너지가 기도하는 나 자신을 휘감아 돌면서 모인다고 상상하며 정성스럽게 하는 것이 중요하다. 모든 진언과 다라니에는 특정한 진동과 파동이 있다. 이 기운을 내가 수용하여 나 자신을 바꾸고 내 주변의 문제점들을 변화시키는 것이 진언과 다라니 기도의 목적이다. 그러므로 호흡에 맞추어 진언과 다라니의 발음과 흐름을 일치시켜 나가는 것이 중요하다. 호흡과 불일치하면 집중이 잘 되지 않으며 기계적이고 의무적이 되기 쉬운데, 이런 경우는 당연히 에너지가 잘 만들어지지 않기 때문이다.

끝으로 진언과 다라니에는 반야심경진언에서처럼, 마지막에 '사바하'가 나오는 경우가 상당수 존재한다. 사바하는 모든 것이 이루어진다는 길상의 종결을 뜻한다. 즉 일종의 진언과 다라니에 대한 마침표인 셈이다. 그러므로 이는 독송할 때마다 반복할 것이 아니라 마지막에 한 번만 하면 된다. 만일 세 번 독송한다면 세 번째만 사바하를 하고, 108번을 하면 108번째만 사바하를 하면 된다는 말이다.

예컨대 첫번째 반야심경진언을 세 번 한다면, "아제아제 바라아제 바라승아제 모지(첫번째) / 아제아제 바라아제 바라승아제 모지(두 번째) / 아제아제 바라아제 바라승아제 모지 사바하(세 번째)"라고 하면 된다.

⊙ 진언과 다라니의 힘을 강하게 믿으며 기도를 행함

⚜ 순서

분향과 발원(진언과 다라니의 힘을 믿으며, 자신이 기원하는 것을 세 번 생

각함) ➡ 108배(자신을 낮추고 진언과 다라니의 에너지를 받아들이기 위한

준비단계로 108배를 올림) ➡ 진언과 다라니 독송(3번, 7번, 21번, 33번,

37번, 49번, 108번, 1000번, 3000번, 10000번 등 진언과 다라니의 길이에 따

라 기도시간에 맞춘 횟수를 독송. 이때 진언과 다라니의 에너지가 발생하여 자

신을 휘감는 것을 상상함)

💧독송

개경게開經偈

무상심심미묘법 백천만겁난조우

아금문견득수지 원해여래진실의

無上甚深微妙法．百千萬劫難遭遇

我今聞見得受持．願解如來眞實義

개법장진언開法藏眞言

옴 아라남 아라다(3번)

기도용 진언과 다라니 중 자신에게 맞는 적절한 것을 선택해서

독송함.

• 『반야심경』 진언 : 아제아제 바라아제 바라승아제 모지 사바하

• 육자대명왕 진언 : 옴 마니 받메 훔

• 불설소재길상다라니 : 나무 사만다 못다남 아바라지 하다 사 사나남 다냐타 옴 카카 카헤 카헤 훔훔 아바라 아바라 바라아바라 바라아바라 지따 지따 지리 지리 빠다 빠다 선 지가 시리에 사바하

• 법신비로자나 진언 : 옴 아비라 훔 캄 사바하

• 광명진언 : 옴 아모카 바이로차나 마하무드라 마니 파드마 즈바라 프라바를타야 훔

• 기타 : 신묘장구대다라니 · 즘부다라니 · 수능엄신주 등

소원(진언과 다라니의 에너지가 자신에게 집중되는 상황을 떠올리며 소원을 세 번 생각함) ➡ 회향(자신의 소원하는 바가 온 우주로 두루 퍼지면서 반드시 이루어지는 모습을 상상함)

◉회향

원멸 사생육도 법계유정 다겁생래죄업장

아금참회계수례 원제죄장실소제 세세상행보살도

원이차공덕 보급어일체 아등여중생

당생극락국 동견무량수 개공성불도

마지막으로 『반야심경』을 봉독하며 기도를 원만히 마친다.

『반야심경』과 마하반야바라밀

반야부와 『반야심경』

대승경전 중에 장편의 경전들이 다수 있는데, 대표적인 것으로 60권본과 80권본인 『화엄경』이나 120권으로 된 『대보적경大寶積經』 등을 들 수 있다. 하지만 분량 면에서 단연 압도적인 경전이 있으니, 이것이 바로 600권으로 이루어진 『대반야바라밀다경大般若波羅蜜多經』 즉 『대반야경』이다. 『대반야경』은 반야공사상을 설하는 반야부 경전들을 집대성한 총서로 불교를 넘어 인류 기록 문화에서 가장 긴 문헌이다. 이런 점에서 『대반야경』은 반야부 경전을 대변한다고 하겠다. 즉 '반야부=『대반야경』'으로 이해해도 큰 문제는 없다.

대반야바라밀다경 권 249. 『대반야경』은 대승불교의 교리와 철학 중에서도 단연 최고라고 할 수 있는 공사상을 설명한 경전이다.

현장의 전기인 『자은전』 권10에는 당시 59세라는 고령의 현장이 『대반야경』 번역에 착수하려 하자, 제자들이 축약해 번역할 것을 제안했고 현장 역시 이를 수용한 것으로 되어 있다. 즉 번역에 엄두가 나지 않았던 것이다. 그러자 그날 밤 꿈에 가파른 산비탈을 오르고 맹수에게 쫓기는 악몽을 꾸면서, 땀이 흥건하도록 전율하는 사건이 발생한다. 다음 날 현장은 제자들에게 완역을 선언한다. 그리고 "불보살님의 가피가 있다면 완역 때까지 자신이 죽지 않을 것"이라고 말한다. 그날 밤부터 현장은 여러 불보살님의 미간 백호가 방광하여 자신을 비추거나, 꽃과 등불로 여러 불보살님들을 공양하는 꿈을 꾸게 된다. 또 현장이 높은 단 위에서 많은 대중들에 둘러싸여 설법하자, 깊은 찬탄과 성대한 공양을 받는 꿈도 꾸었다. 이후 현장은 62세 때인 10월 23일 『대반야경』을 완역하고, 105일 뒤인 이듬해 2월 5일 입적한다. 경전의 완역과 함께 현장의 삶도 마무리가 된 것이다.

『대반야경』은 대승불교의 교리와 철학 중에서도 단연 최고라고 할 수 있는 공사상을 설명한 경전이다. 참고로 대승불교의 주요 경전으로 '일체유심조'를 설하는 『화엄경』과 석가모니의 위대성을 강조하는 비유의 경전 『법화경』 그리고 불성사상을 조명하는 40권으로 된 『대반열반경』(약칭 열반경)이 있다.

『대반야경』이 좋기는 하지만 600권이나 되다 보니, 번역도 번역이려니와 이것을 읽는다는 것 자체가 거의 불가능하다. 그래서 일본에서는 전독轉讀이라고 하여, 600권의 각 권을 병풍과 같은 절첩본으로 만들어 차례로 아코디언처럼 넘기며 이것으로 읽는 것을 대신하기도 했다. 티베트 불교에서 경전을 읽지 못하는 사람들을 위해 경전을 봉안한 윤장대輪藏臺나 마니륜(경통)을 돌리면 경전을 읽은 것과 같은 공덕이 생긴다고 믿는 것과 유사한 측면이라고 하겠다.

또 반야부 경전의 분량이 너무 많자 일찍부터 경전의 핵심을 추리려는 노력도 존재했다. 이러한 노력의 중국불교적인 결과는 577권의 「능단금강분能斷金剛分」에 해당하는 구마라집의 번역인 『금강반야경』 즉 『금강경』의 유행이다. 이는 600권 분량의 반야부 경전 중 가장 핵심적인 1권을 『금강경』으로 보았다는 의미다. 하지만 여기에는 '600권 중 1권이 전체를 대변할 수 있느냐?'라는 문제가 존재한다.

반야부 경전의 핵심을 추리는 문제는 중국보다도 본토인 인

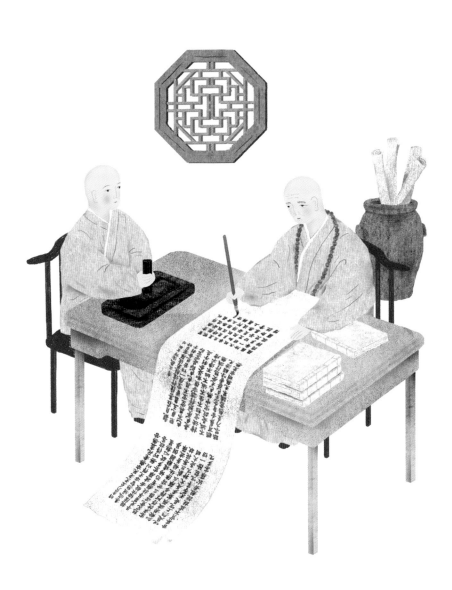

도에서 먼저 대두된다. 인도인들은 이 문제의 해법으로 600권 중한 권이 아니라, 600권의 핵심을 수학 공식처럼 축약하는 방법을 선택했다. 즉 일종의 정수만을 추출하는 방식이다. 그 결과가 바로 반야부 경전의 심장 같은 경전인 280자 『반야심경』의 도출이다. 오늘날 사용하는 『반야심경』은 현장의 번역본이다. 하지만 『반야심경』은 현장 외에도 구마라집의 『마하반야바라밀대명주경摩訶般若波羅密大明呪經』을 필두로 여덟 종류가 더 있다. 즉 현장의 『반야심경』 번역을 포함하여 총 아홉 종의 『반야심경』이 존재하는 것이다. 그런데 역설적이게도 『금강경』은 구마라집 번역이 시장을 지배한 반면에, 『반야심경』은 현장의 번역이 오늘날까지 시장을 주도하고 있다. 두 분은 반야부와 관련해서 1대 1의 상황인 셈이다.

『반야심경』의 유행과 마하반야바라밀

오늘날 『반야심경』은 서쪽 티베트에서 동쪽 일본까지 대승불교권 전체에서 독송되고 있다. 대승불교에 많은 경전들이 존재하지만 이와 같은 위상을 확보한 경전은 『반야심경』이 유일하다.

　『반야심경』이 오늘날처럼 유행하게 되는 데는 현장의 공로가 지배적이다. 현장은 희대의 천재로 20대 중반에 이미 중국에는 스승이 없었다. 그래서 인도 구법 유학을 꿈꾸게 되는데, 당시는 당나라가 개국한 지 얼마 지나지 않아 어수선한 상황이라 인도행을 감행하는 것이 쉽지 않았다. 이때 익주 공혜사空慧寺에서 온몸에 창병이 있어 모든 사람들이 꺼려 하는 한 노승을 만나게 된다. 현장은 객승이었음에도 그 노승을 깨끗하게 닦아주고 지극정성으로 간호해준다. 이런 가운데 노승은 현장의 구법 여행이라는 소망을 알게 된다. 이때 그 노승이 한 경전만 지송하면 "인도행의 길이 열리고 모든 장애가 사라지게 될 것"이라는 비방을 준다. 그것이 바로 『반야심경』이다. 현장은 실크로드를 따라 인도행을 하는 과정에서 죽을 고비와 위험을 숱하게 만나는데, 후일 이것이 극화되는 것이 바로 『서유기』이다.

현장은 구법 길에 문제가 생길 때마다 『반야심경』을 암송했고, 문제들은 열린 빗장처럼 저절로 해결되었다. 이로 인해서 현장은 자신이 귀국하면 『반야심경』을 유포하겠다는 서원을 세웠고, 이후 현장이 중국불교의 일인자가 되면서 『반야심경』 봉독은 폭발적으로 유행한다. 이것이 오늘날까지 우리가 모든 불교의식과 법요식에서 『반야심경』을 독송하는 이유다.

『반야심경』의 원 제목은 『마하반야바라밀다심경摩訶般若波羅密多心經』이다. '마하반야바라밀다摩訶般若波羅密多'와 '마하반야바라밀摩訶般若波羅密'은 음역상의 차이일 뿐 같은 말이다. 그 뜻은 "위대한 지혜를 통해 피안으로 건너가다"라는 의미다. 또 마하반야바라밀은 『대반야경』과 반야부 경전 전체를 일관하는 핵심적인 명칭이기도 하다. 이 '마하반야바라밀'이라는 말 속에는 『대반야경』이라는 반야부 전체가 녹아 있다는 관점이 존재한다. 즉『대반야경』과 반야부 경전이 진리라는 무한의 가치라면, 그 핵심을 관통하는 동시에 경전 제목이기도 한 마하반야바라밀에도 역시 진리의 무한한 측면이 존재해야 한다는 뜻이다. 이는 무한의 부분은 무한이며 무한일 수밖에 없고 반드시 무한이어야 한다는 철학적 관점에 따른 것이다. 이런 인식에 입각해 280자『반야심경』보다 더 짧은 핵심으로 '마하반야바라밀'이라는 제목이 대두하게 된다. 이로 인해 유행한 것이 바로 '마하반야바라밀'을 진언처럼 염송하는 수행과 기도법이다.

　　마하반야바라밀을 염송하는 기도를 하게 되면, 크게는 지혜가 열리고 작게는 진리가 친근하게 되어 일체의 장애와 액난에서 벗어나게 된다. 마치 달이 구름에 걸리지 않고 새의 그림자가 강물에 흔적을 남기지 않는 것처럼 말이다. 이를『반야심경』에서는 "심무가애 무가애고 무유공포 원리전도몽상 구경열반心無罣碍 無罣碍故 無有恐怖 遠離顚倒夢想 究竟涅槃"이라고 표현하고 있다. 즉 "마음에 걸림이 없고 걸림이 없으므로 두려움이 없어지며, 지혜로 잘못된 생각이 바로잡혀 마침내 열반에 이르게 된다"는 것이다. 이런 점에서 본다면, 삶에서 부딪히는 모든 장애를 여의고 깨침에 이르는 길이 마하반야바라밀 기도에 있다고 하겠다.

마하반야바라밀 기도법

마하반야바라밀 기도는 '마하반야바라밀'이라는 『대반야경』과 반야부 경전을 일관하는 핵심적인 명칭을 반복해서 정근하는 방식으로 진행된다. 이외에도 일상적으로 "노는 입에 염불한다"는 속담처럼 짬짬이 마하반야바라밀을 되뇌는 방법도 있다. 중국불교에서는 아직도 이런 일상이 전개되는데, 이는 중국불교를 소재로 한 영화 등에서 손쉽게 확인할 수 있다.

또 우리 불교에서도 과거에는 이와 같은 전통이 있었다. 때문에 오늘날까지 의식문에는 마하반야바라밀 구절이 빠지지 않고 등장한다. 예컨대 축원을 마칠 때 '나무 마하반야바라밀'을 하도록 되어 있는 것이나, 천도재나 49재를 지내는 〈관음시식觀音施食〉 등에도 "나무 마하반야바라밀"이라는 염불 구절은 어김없이 등장한다. 나무 마하반야바라밀이라는 것은 "마하반야바라밀께 귀의한다"라는 의미다. 이와 같은 양상들을 통해서, 마하반야바라밀을 외우는 것이 집중 기도인 동시에, 삶 속에서 일상적으로도 반복해야 하는 중요한 측면이라는 점을 분명히 한다. 또 이런 마하반야바라밀 기도 역시 호흡에 맞춰 전체적인 리듬을 타야 하는 점은 재론의 여지가 없다.

⊙ 반야 공이라는 진리와 지혜의 힘을 강하게 믿으며 기도를 행함

☸ 순서

분향과 발원(반야 공이라는 진리와 지혜의 힘을 믿으며, 자신이 기원하는 것을 세 번 생각함) ➡ 108배(자신을 낮추고 반야 공이라는 진리와 지혜의 힘을 받아들이기 위한 준비 단계로 108배를 올림) ➡ 마하반야바라밀 암송(21번, 33번, 37번, 49번, 108번, 1000번, 3000번, 1만 번 등 기도 시간에 맞춘 횟수를 독송. 이때 반야 공이라는 진리와 지혜의 힘이 발생하여 자신을 휘감는 것을 상상함)

개경게

무상심심미묘법 백천만겁난조우
아금문견득수지 원해여래진실의

개법장 진언

옴 아라남 아라다(3번)

나무 마하반야바라밀 ➡ (계속) ➡ 나무 마하반야바라밀

소원(반야 공이라는 진리와 지혜의 힘이 자신에게 집중되는 상황을 떠올리며 소원을 세 번 생각함) ➡ 회향(자신이 소원하는 바가 온 우주로 두루 퍼지면

서 반드시 이루어지는 모습을 상상함)

◉회향
원멸 사생육도 법계유정 다겁생래죄업장
아금참회계수례 원체죄장실소제 세세상행보살도

원이차공덕 보급어일체 아등여중생
당생극락국 동견무량수 개공성불도

마지막으로 『반야심경』을 봉독하며 기도를 원만히 마친다.

『화엄경』과『묘법연화경』의 경전 이름 외우기

경전 이름이 경전 전체를 포함하는가?

지난 2008년 숭례문 화재 때, 불길 속에서 겨우 건진 것은 숭례문이라고 적힌 현판(편액)뿐이었다. 이것을 두고 언론은 "심장은 구했다"라는 표현을 썼다. 이는 현판이 가지는 건물의 상징성을 뜻한 것이다. 그러나 그렇다고 하더라도 현판은 숭례문 전체의 극히 일부분에 지나지 않는다는 것을 부정하기는 어렵다. 즉 현판이 대표성을 가질 수는 있지만 숭례문 전체일 수는 없다는 말이다.

그런데 만일 완전한 진리가 존재한다면 어떨까? 완전한 진리의 크기가 숭례문만 하고 그 완전한 진리에도 현판 즉 명칭이 있다고 가정해보자. 이 명칭은 전체를 포괄할 수 있을까? 언뜻 보면 숭례문과 현판의 관계처럼 불가능해 보인다. 그러나 한 번 더 생각해보자. 완전한 진리의 부분은 불완전이 될 수 있을까? 만일 완전의 일부가 불완전이라면, 여기에서 완전이란 불완전의 집합이라는 말이 된다. 이것은 완전이라는 개념이 성립하는 이상 불가능하다. 그러므로 완전의 부분은 완전이 되어야 한다. 즉 완전한 진리의 일부는 불완전이 아니라 완전이며, 이외의 가능성은 존재하지 않는다는 말이다.

숭례문의 일부인 현판이 숭례문 전체일 수 없는 것은 숭례문이 불완전한 존재이기 때문이다. 이런 점에서 불완전한 숭례문과 완전한 진리에 대한 논의에는 차이가 있다. 즉 불완전한 숭례문은 안 되고 완전한 진리는 된다는 말이다. 사실 이와 같은 내용은 앞의 반야부 경전이 마하반야바라밀이라는 명칭 속에 온전히 축약될 수 있다는 설명에서도 제시된 바 있다. 그때는 무한의 부분은 무한일 수밖에 없다는 방식을 취했다. 여기에서는 무한을 완전한 진리의 개념으로 바꿔서 설명하고 있을 뿐이다.

대승불교에서는 완전한 진리를 설하는 경전으로 세 가지를 든다. 앞서 언급한 반야부와 『대반야경』을 가리키는 마하반야바라밀과 흔히 『화엄경』으로 축약되는 『대방광불화엄경大方廣佛華嚴經』 그리고 『법화경』으로도 불리는 『묘법연화경妙法蓮華經』이 그것이다. 이 중 마하반야바라밀에 관해서는 앞서 정리했으므로 여기에서는 『대방광불화엄경』과 『묘법연화경』에 대해서만 설명하겠다.

스님, 기도는 어떻게 하는 건가요?

『대방광불화엄경』이란 "크고 방정하고 넓은 위덕의 특징을 가진 부처님을, 빛나는 각양각색의 꽃으로 장엄하는 경전"이라는 의미다. 또『묘법연화경』이란, "미묘한 진리가 설해진 연꽃 같은 경전"이라는 뜻이다. 이는 연꽃이라는 불교의 상징을 통해서 더러움에 물들지 않는 부처님의 청정함과 가르침을 표현하는 명칭이다.

　『화엄경』과『법화경』은 각각 동아시아의 대표적인 대승불교인 화엄종과 천태종의 배경이 되는 경전이다. 즉 화엄종과 천태종의 토대를 구축한 경전이 바로『화엄경』과『법화경』인 것이다. 어떤 분은 "선불교도 중요하지 않느냐?"고 반문할지 모른다. 맞는 말이다. 하지만 선불교는 수행불교이기 때문에 경전보다 깨친 조사스님들의 어록을 중요시한다. 이는 선불교의 완성자인 6조 혜능스님의 어록을『육조단경六祖壇經』(법보단경法寶壇經)이라고 해서 경전으로 격상해서 존숭하는 것을 통해 분명해진다. 물론 선불교에서도 반야부 경전인『금강경』을 사용하기는 한다. 하지만『금강경』은 한 권으로 된 짧은 경전이며, 이는 조사스님들의 어록인『경덕전등록景德傳燈錄』30권이나『선문염송禪門拈頌』30권 등에 분량 면에서 비할 바가 아니다. 또 선불교의 실질적인 수행 방식인 화두 참구의 화두에 있어서도『금강경』은 사용되지 않는다. 즉 선불교에서『금강경』이란 다분히 상징적인 측면이 강한 것이다.

　• 화엄종 ―『화엄경』

대승불교에서는 완전한 진리를 설하는 경전으로 세 가지를 든다. 바로 반야부와 『대반야경』을 가리키는 마하반야바라밀과 『대방광불화엄경』, 『묘법연화경』이다.

- 천태종 ―『법화경』
- 선불교 ― 반야부 경전 중『금강경』

동아시아 대승불교에서『화엄경』과『법화경』을 중심으로 한 화엄종과 천태종의 약진은 이 경전들을 통한 보다 손쉬운 접근을 요청한다. 하지만『화엄경』은 60권과 80권에 이르는 방대한 경전이고,『법화경』은 일곱 권이지만 이 역시 적은 분량은 아니다. 이 때문에 경전의 제목을 염불하듯이 암송하는 문화가 만들어지게 된다. 물론『화엄경』과『법화경』의 제목을 외우는 것은 앞선 마하반야바라밀처럼 보편적이고 일반화된 측면은 아니다. 하지만 이들 경전의 명칭 역시 〈관음시식〉과 같은 기도문에서 "나무 대방광불화엄경"과 "나무 묘법연화경"이라는 염불로 수록되어 있다. 즉 이들 경전의 명칭을 부르는 것도 과거에는 상당히 널리 퍼진 기도와 수행법이었던 것이다.

『화엄경』과『묘법연화경』 기도의 공덕

『화엄경』은 부다가야의 보리수 아래에서 깨달음을 성취한 석가모니부처님께서, 처음 $3 \times 7 = 21$일간 설하셨다는 대승불교 최초이자 최고의 경전이다. 이때 석가모니는 깊은 깨달음의 상태에서 진리의 당체인 비로자나불과 합일되어 깊고 미묘한 가르침을 설하신다. 가르침의 주된 내용은 "일체는 마음의 관점에 따라서 차이가 발생할 뿐"이라는 것과 "이 우주와 우리는 진리 안에서 그 자체로 완성된 완전체"라는 내용이다. 전자를 유심론이라 하고, 후자를 본체론에 입각한 성기설性起說이라고 한다. 하지만 화엄의 가르침은 수승한 보살들을 상대로 하는 어려운 것이었기에, 이후 부처님은 보통 사람들에게 맞는 낮은 단계의 가르침부터 다시금 점진적으로 올려 나가는 방법을 사용했다. 이렇게 49년(혹 45년)간 설법을 행하시는데, 이를 천태종의 다섯 번째 조사인 형계담연荊溪湛然(711~782)은 다음과 같은 게송으로 요약했다.

스님, 기도는 어떻게 하는 건가요?

아함십이방등팔 阿含十二方等八
이십이년반야담 二十二年般若談
법화열반공팔년 終談法華共八年
화엄최초삼칠일 華嚴最初三七日

이 말은 "초기경전인 『아함경』은 12년을 설하시고, 쉬운 대승경전은 8년간 설하셨다. 그리고 『대반야경』은 총 22년간 설하셨으며, 『법화경』과 『열반경』은 만년에 8년간 설법하셨다. 이외에 『화엄경』은 깨달음을 얻은 직후 21일간 설법하신 것이다"라는 내용이다. 경전이 설해진 순서로 재구성해보면 다음과 같다.

『화엄경』— 21일

『아함경』— 12년

초기 대승경전 — 8년

『대반야경』— 21년

『법화경』+『열반경』— 8년

➡ 총 50년(중복되는 1년을 제하면 49년이 됨)

이런 형계담연의 판단이 오늘날의 불교연구 결과와 반드시 부합하는 것은 아니다. 하지만 이 내용을 보면 대승불교에서 중요하게 여기는 네 가지 경전, 즉 『화엄경』, 『대반야경』, 『법화경』, 『열반경』이 모두 등장한다는 것을 알 수 있다. 또 『화엄경』은 최초 경전이고 『열반경』은 최후 경전이라는 것 그리고 『법화경』은 『열반경』에 비해 최후 경전은 아니지만 만년에 설하신 경전으로 구분하고 있다는 점도 알게 된다. 이는 『법화경』의 「종지용출품從地踊出品」에서 『법화경』의 설해진 시점을 부처님께서 깨달으신 뒤 40년으로 적고 있기 때문이다.

　　마지막에 설해진 경전이 『열반경』이기는 하지만, 『열반경』의 위상은 『법화경』에 미치지 못한다. 여기에 천태종이 『법화경』에 입각한 종파라는 점에서, 형계담연은 『법화경』을 최후의 가르침과 같은 측면으로 몰아가려는 양상을 보인다. 책에서는 서문과 발문이 중요하고, 논문에서는 서론과 결론에 핵심이 정리되는 것처럼, 석가모니가 전한 가르침의 핵심은 맨 처음과 마지막에 위치한다고 보았기 때문이다.

　『법화경』은 석가모니가 단순히 역사 속에만 존재하는 제한적인 부처님이 아니라, 원래는 절대적인 능력을 가지신 분인데 우리에게는 빙산의 일각만 보인 것임을 주장하는 경전이다. 이를 전문적인 용어로 가현설假現說이라고 한다. 천태종은『법화경』의 가현설에 입각하여, 석가모니불을 최고의 부처님으로 판단하고 석가모니불을 닮아가며 가피를 입으려고 한다. 이것은 화엄종이 비로자나불을 중심으로 하는 상황에서 석가모니불을 보충하는 측면으로만 이해하는 것과는 크게 다르다.

　『화엄경』과 『법화경』에 입각한 기도는 각각 "나무 대방광불화엄경"과 "나무 묘법연화경" 즉 "대방광불화엄경에 귀의합니다"와 "묘법연화경에 귀의합니다"라고 진행된다. 이런 기도를 통해서 두 경전과 친근해지면, 높게는 경전에 기록되어 있는 진리의 완전성을 성취하게 된다. 그리고 이들 경전이 말하는 이상향인 연화장세계蓮華藏世界와 영산정토靈山淨土에 다가갈 수 있으며, 마지막으로 낮고 가깝게는 비로자나불과 석가모니불의 가피를 통해 모든 환란을 극복하고 삶의 평화와 복된 행복 그리고 기쁨을 성취하게 된다. 또 이 기쁨의 마지막에는 부처님을 가까이하여 깨달음에 도달하는 영광이 존재한다.

『화엄경』과『묘법연화경』기도법

『화엄경』과『묘법연화경』기도는 앞서 언급한 마하반야바라밀 기도에 준하여 이루어진다. 즉 '나무 대방광불화엄경'과 '나무 묘법연화경'을 반복해서 정근하는 방식이라고 이해하면 되겠다.

대방광불화엄경

⊙ 『화엄경』에 입각한 진리와 지혜의 힘을 강하게 믿으며 기도를 행함

🪔 순서

분향과 발원(화엄사상에 입각한 진리와 지혜의 힘을 믿으며, 자신이 기원하는 것을 세 번 생각함) ➡ 108배(자신을 낮추고 화엄사상에 입각한 진리와 지혜의 힘을 받아들이기 위한 준비단계로 108배를 올림) ➡ 대방광불화엄경 정근(21번, 33번, 37번, 49번, 108번, 1천 번, 3천 번, 1만 번 등 기도시간에 맞춘 횟수를 독송. 이때 화엄사상에 입각한 진리와 지혜의 힘이 발생하여 자신을 휘감는 것을 상상함)

💧정근

개경게

무상심심미묘법 백천만겁난조우

아금문견득수지 원해여래진실의

개법장 진언

옴 아라남 아라다 (3번)

나무 대방광불화엄경 ➡ (계속) ➡ 나무 대방광불화엄경

소원(화엄사상에 입각한 진리와 지혜의 힘이 자신에게 집중되는 상황을 떠올리며 소원을 세 번 생각함) ➡ 회향(자신의 소원하는 바가 온 우주로 두루 퍼지면서 반드시 이루어지는 모습을 상상함)

💧회향
원멸 사생육도 법계유정 다겁생래죄업장
아금참회계수례 원제죄장실소제 세세상행보살도

원이차공덕 보급어일체 아등여중생
당생극락국 동견무량수 개공성불도

마지막으로『반야심경』을 봉독하며 기도를 원만히 마친다.

◉ 『묘법연화경』에 입각한 진리와 지혜의 힘을 강하게 믿으며 기도를 행함

🔥 순서

분향과 발원(법화사상에 입각한 진리와 지혜의 힘을 믿으며, 자신이 기원하는 것을 세 번 생각함) ➡ 108배(자신을 낮추고 법화사상에 입각한 진리와 지혜의 힘을 받아들이기 위한 준비단계로 108배를 올림) ➡ 묘법연화경 정근(21번, 33번, 37번, 49번, 108번, 1천 번, 3천 번, 1만 번 등 기도시간에 맞춘 횟수를 독송. 이때 법화사상에 입각한 진리와 지혜의 힘이 발생하여 자신을 휘감는 것을 상상함)

279

🔥정근

개경게

무상심심미묘법 백천만겁난조우
아금문견득수지 원해여래진실의

개법장 진언

옴 아라남 아라다 (3번)

나무 묘법연화경 ➡ (계속) ➡ 나무 묘법연화경

소원(법화사상에 입각한 진리와 지혜의 힘이 자신에게 집중되는 상황을 떠 올리며 소원을 세 번 생각함) ➡ 회향(자신의 소원하는 바가 온 우주로 두루 퍼지면서 반드시 이루어지는 모습을 상상함)

  ◈ 회향
  원멸 사생육도 법계유정 다겁생래죄업장
  아금참회계수례 원제죄장실소제 세세상행보살도

  원이차공덕 보급어일체 아등여중생
  당생극락국 동견무량수 개공성불도

마지막으로『반야심경』을 봉독하며 기도를 원만히 마친다.

한국불교의 대표 기도처를 찾아서

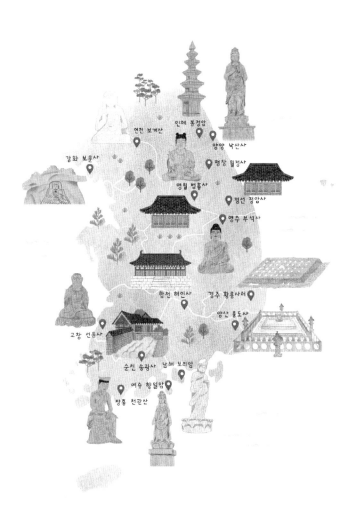

남북보궁과 오대보궁

부처님의 열반과 사리신앙

떠나고 나면 그 빈자리에 대한 여운은 더욱 깊어지는 법이다. 부처님께서 열반하신 뒤 불교도들도 이 문제에 봉착한다. 이를 예견한 부처님께서는 열반에 들 무렵, 시자인 아난에게 당신의 자취가 깃든 4대 성지의 순례 공덕과 사리탑의 건립에 대해 말씀하신다.

4대 성지란, 부처님께서 탄생한 룸비니와 깨달음을 증득한 부다가야 그리고 처음으로 설법을 행하신 사르나트 즉 녹야원과 열반의 땅 쿠시나가르다. 하지만 이는 장소의 의미와 관련된 신령함이며, 사람에 대한 그리움과는 다소 차이가 있다. 부모님이 사용하던 방이나 물건을 보는 것과 무덤을 참배하는 것의 차이라고나 할까? 불교에서 부처님의 무덤에 해당하는 것은 당연히 사리를 모신 사리탑이다.

이 사리를 모신 사리탑을 건립하고 부처님을 추모하며 생각하는 것이 바로 사리신앙이며 불탑신앙이다. 처음 불탑은 근본팔탑이라고 하여 여덟 개로 시작하여, 전 인도를 최초로 통일한 불교왕 아소카에 의해서 8만 4000개로 늘어난다. 이는 당시 불교의 세력 확대와 불교도들의 열망을 아소카 왕이 반영한 결과다.

오늘날 부처님의 사리로 확실시되는 것은 근본팔탑 중 석가족이 모신 피프리하와 탑에서 발굴한 사리다. 이 사리는 오늘날 인도의 수도인 델리의 국립박물관에 모셔져 있다. 또 미얀마에는 인도 보팔의 산치 대탑에서 출토된 사리가 수도 양곤의 까바예 파고다(세계 평화의 탑)에 봉안되어 있다. 중국에서 가장 유력한 사리는 예전 장안이었던 시안西安 법문사의 지골사리指骨舍利다. 이 사리는 한유韓愈(768~824)의 〈논불골표論佛骨表〉에 등장하는 사리인 동시에, 당나라 황제들조차 30년에 한 번밖에 친견하지 못했다는 매우 희귀한 사리다.

남북보궁을 아시나요?

지금은 잘 듣기 어려워진 말 가운데 "야산 제일통도사野山第一通度寺 고산제일월정사高山第一月精寺"란 표현이 있다. 이는 "낮은 산지 가람 중에서는 부처님 정골사리를 모신 통도사가 제1의 가람이며, 높은 산지 가람 중에서는 오대산 중대에 뇌사리를 모신 월정사가 최고"라는 말이다. 이 두 보궁을 한반도의 남북에 위치한다고 해서 남북보궁이라고 한다.

오대산 중대 적멸보궁

한반도에 불교가 전래되던 당시 초기 사찰들은 거대한 탑을 중심으로 하는 사원 구조를 갖추고 있었다. 이는 삼국시대 사찰의 발굴을 통해서 확인된다. 이 말은 우리나라 불교의 전파와 확대에 사리 숭배가 깊이 관련되어 있다는 뜻이다. 실제로 『삼국유사』에는 「전후소장사리」라는 항목이 있어, 우리나라에 사리가 전래한 내용들을 별도로 기록하고 있다. 하지만 한국불교에서 가장 중요한 사리 신앙은 모두 자장율사에 의해 이루어졌다.

양산 통도사

자장율사는 신라불교와 신라 삼국통일의 초석을 다진 분으로 638년부터 643년까지 총 6년간 당나라에서 유학 생활을 했다. 유학 기간 중이던 642년 중국 산시성 오대산에 이르러 문수보살을 친견하고 부처님의 가사와 사리 등의 성물聖物을 받게 된다. 이 사리를 귀국 후 경주 황룡사와 울산 태화사 그리고 양산 통도사와 평창 오대산의 중대에 각각 봉안한다. 하지만 황룡사는 몽골의 침입으로 1238년 소실되고, 태화사는 조선 후기에 폐사된다. 그래서 남은 두 사찰을 묶어 "야산제일통도사 고산제일월정사"란 말이 유행하게 되었다. 이 중 통도사에는 사리 외에도 부처님의 가사가 모셔져 있으며, 오대산 중대는 보궁이라는 명칭이 시작된 곳이라는 점에서 특별한 의미를 가진다. 그러므로 남북보궁을 순례하는 것은 부처님을 친견하는 것과 같아서 기도를 하려는 불교인이라면 반드시 거쳐야 할 곳이라고 하겠다. 마치 이슬람교도들이 메카의 카바 신전을 순례하듯, 한국의 불교도라면 남북보궁 순례는 선택이 아닌 필수이며 영원히 식지 않는 여망이라고 할 것이다.

오대보궁으로의 확대

오늘날 부처님의 사리를 모신 보궁을 '남북보궁'이라고 하기보다 '오대보궁'이라고 한다. 오대보궁에는 남북보궁에 강원도의 삼보궁인 정선의 정암사와 사자산 법흥사 그리고 설악산 봉정암이 추가된다. 자장율사는 만년인 신라 진덕왕 때 동북방의 강원도(당시 명주溟州)로 와서 교화를 펼치다가 정암사에서 입적한다. 이 과정에서 강원도에 여러 사찰을 창건했는데, 이때 이들 사찰도 건립되어 후일 보궁 또는 보궁급 사찰이라는 위상을 가지게 된다. 즉 오대보궁은 모두 자장율사가 중국 오대산에서 모셔온 사리에 입각해서 존재하며, 이 중 통도사를 제외한 네 곳은 강원도에 위치한다.

오대보궁 중 정암사는 임진왜란 때 일본의 침략으로 통도사에 안치된 사리가 위험해지자, 사명당이 금강계단의 사리를 이운해 옮기던 중 정암사에 임시로 봉안되는 사건도 있었다. 사리는 이후 묘향산 보현사의 서산대사에게로 갔다가 전란이 안정되자 통도사로 다시금 모셔지게 된다. 또 사자산 법흥사는 신라 말 도윤선사道允禪師가 구산선문 중 하나인 사자산문을 개창한 선불교의 중요한 성지 중 한 곳이다. 봉정암은 설악산을 대표하는 수려한 경관을 자랑하는 영장靈場으로 팔공산 갓바위와 더불어 한국불교의 최대 기도 성지로 각광 받는 곳이다.

봉정암 오층석탑

한국불교에서 중요한 사리들

오늘날 한국불교의 보궁신앙은 자장율사가 모셔온 사리와 관련된다. 하지만 이외에도 중요한 사리들이 다수 더 있다. 가장 먼저 주목할 것은 경주 황룡사 9층 목탑의 기단 주심초석柱心礎石에서 수습한 사리다. 황룡사는 진흥왕이 창건한 신라를 대표하는 국찰國刹이다. 이곳에 후일 자장스님의 건의로 645~646년에 걸쳐 80미터에 이르는 거대한 목탑이 건립된다. 이 목탑 안에 사리가 봉안되었는데, 그중 일부가 1966년 도굴 과정에서 세상에 드러나게 된다.

이 사리가 중요한 이유는 자장율사가 모셔온 사리 중에서 우리가 눈으로 볼 수 있는 유일한 사리이기 때문이다. 남북보궁이나 오대보궁에 가더라도 사리가 모셔진 장소만 볼 수 있지, 사리를 직접 친견할 수는 없다. 이런 점에서 이 사리는 무척 중요하다. 오늘날 이 사리는 황룡사 9층 목탑 주심초석의 유물들과 함께 국립중앙박물관에 모셔져 있다가 조계종의 요청에 의해 지난 6월 5과가 불교계에 반환되었다. 이 사리는 현재 황룡사지

스님, 기도는 어떻게 하는 건가요?

황룡사 9층 목탑에서 출토된 사리

의 관할 교구인 불국사에 모셔져 있다. 이에 앞서 통도사에서는 지난 2000년 국립중앙박물관으로부터 황룡사 9층 목탑의 사리 두 과를 기증 받아 통도사성보박물관에서 전시하였다. 현재 이 사리는 통도사 탑전 옆에 있는, 1991년에 복원된 5층 석탑(일명 사자목오층석탑獅子目五層石塔) 안에 봉안되어 있다. 즉 통도사에는 자장율사가 모셔온 사리가 남북으로 금강계단과 5층 석탑 두 곳에 봉안되어 있는 것이다.

건봉사의 부처님 치아 사리

또 고성 건봉사의 〈석가치상입탑비명釋迦齒相立塔碑銘〉에는 "임진왜란 때 사명당이 왜군에 의해 반출된 통도사의 치아 사리 열두 과를 되찾아와 건봉사에 봉안했다"는 내용이 있어 주목된다. 오늘날 이 사리는 8과만 남았는데, 이 중 세 과는 적멸보궁의 부도탑 안에 봉안되어 있고 다섯 과는 사찰의 만일염불원萬日念佛院 법당 안에 전시되고 있다. 하지만 이 비석이 임진왜란 직후가 아닌 1726년에야 건립되었다는 점, 또 사리의 유래와 관련해서도 "왜군이 가지고 갔다"는 기존의 사실과 맞지 않는 내용들이 등장하고 있어 의문의 여지를 남기고 있다.

익산미륵사지석탑

다음으로 주목할 것은 익산 미륵사지 서석탑 해체 과정에서 2009년 출토된 사리다. 미륵사는 백제 무왕에 의해서 건립된 국찰로, 경주 황룡사를 압도할 만한 규모다. 이런 대규모 사찰을 창건하는 과정에서 모셔진 사리는 당연히 당시 무왕이 구할 수 있는 최고의 사리였음에 틀림없다. 그러므로 이 사리 역시

불국사 삼층석탑

무척 중요한데, 복원 공사를 마치고 지난 2017년 다시 탑 속으로 봉안되어 현재는 친견할 방법이 없다.

이외에 주목할 사리는 불국사 석가탑에 봉안된 사리다. 불국사는 통일신라 전성기에 39년이나 걸려 완성한 황룡사와 더불어 신라불교를 대표하는 사찰이다. 이런 점에서 석가탑에서 발견된 사리 역시 매우 중요한 의미를 가진다. 이 사리는 1966년 발굴되어 세상에 드러났으나, 이후 다시금 석가탑 안에 봉안되었다. 그러던 것이 2011년 석가탑의 해체 보수 과정에서 다시 일반에 공개 전시되었고, 지난 2016년 공사가 완료되면서 다시 탑 속으로 모셔지게 된다. 즉 이 사리 역시 현재는 친견이 불가능한 상황이다.

이상의 유력한 사리들은 애석하게도 대부분 현재 친견할 수 없다. 특히 미륵사지 서석탑이나 석가탑에 봉안한 사리는 다음 번 해체 수리 요구가 있기 전에는 공개될 기약조차 없는 상태다. 즉 다시금 일반에 공개되어 친견하기는 거의 불가능하다는 말이다.

이런 점에서 마지막으로 언급할 사리는 친견할 수 있는 주요 사리라는 점에서 주목된다. 오대산 상원사는 조선 제7대 임금인 세조의 원찰로, 세조가 이 사찰의 중건 낙성식 때 친히 행차하여 문수보살을 친견했다는 점은 앞서도 언급한 적이 있다. 이후 세조는 문수동자를 친견하고 상을 모시게 되는데, 이때 사리 세 과를 동자상 안에 복장 유물로 봉안한다.

  언뜻 생각하면 세조 때는 연대가 한참 뒤고, 또 숭유억불을 통치 이념으로 하던 조선 초기이므로 이미 유력한 사리는 존재할 수 없다는 생각을 할 수도 있다. 하지만 조선 초기 숭유억불이 본격적으로 단행되면서, 삼국시대 이래 유서 깊은 사찰들이 마구 헐리던 상황이었다. 이때 불교의 최고 유물과 성물들은 불교를 좋아한 세조의 동생이자 세종의 형인 출가한 효령대군의 수중으로 몰려들게 된다. 당시 세조가 수집한 컬렉션 중 최고 사리를 모신 것이 바로 상원사 문수동자상이다. 이렇게 본다면, 상원사 문수동자상 안에서 발견된 사리는 앞의 다른 사리들에 비해서 연대는 떨어지지만 중요도에서는 결코 밀리지 않는다는 것을 알 수 있다.

  상원사 문수동자상 안의 사리는 오늘날 상원사의 본사인 월정사 성보박물관에 모셔져 있다. 그러므로 월정사를 찾아 부처님의 사리를 친견하는 것은 복된 기도를 하는 매우 뜻깊은 방법이 될 것이다. 특히 월정사가 위치한 오대산의 중대에는 자장율사가 봉안한 부처님의 진신사리가 모셔져 있다는 점에서, 한 번에 두 가지 사리에 예배할 수 있다는 점에서 더욱 그렇다.

3대 성산

동아시아의 성산과 3대 성산

 인도불교의 4대 성지가 부처님의 생애와 관련된 신령한 장소라면, 성산聖山은 산악 숭배 문화와 관련되어 산 전체가 보살의 성지인 곳을 말한다. 즉 불교에서 성산이란, 위대한 보살님의 교화와 관련한 특별 지역 즉 특구라고 이해하면 된다. 이런 성산은 중국불교에는 다섯 곳이 있으며, 우리나라에는 세 곳이 있다. 즉 5대 성산과 3대 성산인 셈이다.

스님, 기도는 어떻게 하는 건가요?

・**중국불교의 5대 성산**

❶ 문수보살 — 산시성 우타이산(오대산)

❷ 보현보살 — 쓰촨성 어메이산(아미산)

❸ 관세음보살 — 저장성 푸투오산(보타산)

❹ 지장보살 — 안후이성 주화산(구화산)

❺ 미륵보살 — 윈난성 지쭈산(계족산)

・**한국불교의 3대 성산**

❶ 문수보살 — 평창 오대산

❷ 법기보살 — 고성 금강산

❸ 지장보살 — 연천 보개산

3대 성산이 권위를 가지는 것은 고려 후기를 대표하는 유학자 민지 閔漬(1248~1326)가 각각 기록을 남겨 그 시말을 밝히고 있기 때문이다. 오늘날 사찰에 전해지는 사찰 연원에 대한 기록인 사적기事蹟記는 거의 모두 조선 후기에 찬술된다. 조선은 숭유억불 정책을 펴서 당시 승려들은 역량이 그리 높지 않았다. 이렇다 보니 이들 사적기는 아전인수격으로 치장된 신뢰하기 어려운 기록투성이다. 이런 점에서 본다면, 불교가 국교이던 고려시대 최고 학자에 의해 찬술된 사적기의 신뢰도는 충분히 타당성을 가진다.

민지는 몽골과의 전란이 막바지이던 1297년 『금강산유점사사적기金剛山榆岾寺事蹟記』를 찬술하고, 1305년에는 『(금강산)장안사사적기(金剛山)長安寺事蹟記』를 완성했다. 그리고 2년 뒤인 1307년 2월과 8월에는 각각 『오대산사적기五臺山事蹟記』와 『보개산석대기寶盖山石臺記』를 지었다. 이를 통해 우리나라 3대 성산의 전모가 밝혀지게 되는 것이다.

3대 성산의 성립과 가피

3대 성산 가운데 가장 성립 연대가 빠른 곳은 신라의 자장율사가 653~655년 사이에 개창한 것으로 추정하는 오대산이다. 오대산과 관련해서는 643년에 시작했다는 주장이 『삼국유사』 「대산오만진신臺山五萬眞身」에 수록되어 있다. 하지만 오늘날의 연구에 의하면, 이는 후대의 오대산 측 주장에 의한 오류임이 밝혀졌다.

내원사 석조보살좌상. 법기보살상으로
전해지는 남한 유일의 불상이다.

평창 오대산은 자장율사가 중국 오대산에서 문수보살을 친견하여 문수보살이 신라의 동북방에도 오대산이 있으니 찾으라고 부촉한 데서 시작한다. 이것을 자장율사가 만년에 찾게 된 것이다.

오대산에서 문수보살을 친견한 기록은 다양하다. 가장 대표적인 것이 앞서 언급한 세조의 일화이며, 이후로도 해인사 자운율사慈雲律師(1911~1992)가 문수보살에게 계척戒尺과 계율을 받은 사건은 유명하다. 자운스님은 1939년 오대산 중대 적멸보궁에서 문수기도를 봉행한다. 이때 99일이 지나자 문수보살에게서 금척과 함께 "계율을 견고하게 지키면 불법이 다시금 흥왕하리라"라는 가르침을 받게 된다. 이로 인해 자운스님은 율사가 되어 대한불교조계종의 계율 전통을 확립한다. 즉 오늘날 조계종의 계율은 모두 오대산 문수보살에 의한 것인 셈이다.

다음으로 인근 오대산의 영향으로 금강산은 원 간섭기 초기에 법기法起보살의 성산으로 완성된다. 법기보살은 담무갈曇無竭보살이라고도 하는데, 반야부 경전에 나오는 반야사상의 실천가이자 설법보살이다. 이 법기보살이 머무는 곳이 『화엄경』의 「(제)보살주처품」에 의하면 금강산으로, 이곳에서 법기보살은 1만 2000명의 보살들을 거느리고 가르침을 설한다고 한다.

스님, 기도는 어떻게 하는 건가요?

금강산에서 법기보살을 친견한 인물로 고려 태조 왕건과 조선의 세조를 들 수 있다. 왕건과 관련한 내용은 보물 제1887호로 지정된 〈노영 필 아미타여래구존도 및 고려 태조 담무갈보살 예배도〉를 통해서 확인할 수 있다. 이는 1307년 노영이 그린 고려불화로 국립중앙박물관에 소장되어 있다. 그러나 왕건의 법기보살에는 설화적인 요소가 포함되어 있어 명확한 판단에는 어려움이 존재한다.

노영 필 아미타여래구존도 및 고려 태조 담무갈보살 예배도

세조의 법기보살 친견은 세조가 상원사 낙성식에 참석하고자 행차해 금강산에 들렀을 때 발생한 사건이다. 이 사건은 이례적이게도 조선의 최대 문서이자 유네스코 세계기록유산이기도 한 『조선왕조실록』의 『세조실록』 권38에 수록되어 있다. 이는 이 사건이 매우 특별하고, 당시 세조를 수행하던 사람들이 함께하면서 다수가 목격한 범상치 않은 사건임을 분명히 해준다. 이와 같은 영험과 가피 덕분에 오대산과 금강산에는 조선 초까지 무척이나 많은 사찰들이 산재해 있었다. 하지만 법기보살은 대승불교의 중심 보살이 아니므로 이를 상으로 조성해놓은 것을 보기는 힘들다. 이런 점에서 법기보살상이라고 전해지고 있는 문화재자료 제342호인 양산 〈내원사 석조보살좌상〉을 친견하는 것은 즐거운 일이 될 것이다.

끝으로 보개산은 720년에 개창되었다고 하지만 정확하진 않다. 하지만 여기에는 보개산이 생지장生地藏보살의 성산이 되는 데 기원이 되는 돌로 조성된 지장보살상이 남아 있어 주목된다. 생지장보살이란 살아 있는 지장보살이라는 의미다.

민지의 「보개산석대기」에 따르면, 사냥꾼 이순석 등이 보개산에서 금빛 멧돼지를 활로 쏘아 맞추게 된다. 그 멧돼지를 쫓아가보니 어깨에 화살이 박힌 돌로 된 지장보살상이 있었다. 이를 상서롭게 여긴 이순석이 파내려고 했지만 움직이지 않자, "큰 성인께서 우리를 구원하시기 위해 신이한 변화를 보이셨으니 만일 내일 땅에서 나와 샘가 돌 위에 앉아 계시면 출가하여 도를 닦겠습니다"라고 하였다. 그리고 다음 날 가보니 지장보살상이 돌 위에 나와 있어, 이 이야기를 들은 300명이 출가하게 되었다고 한다.

보개산은 한국전쟁 과정에서 파괴되고 이 석상은 현재 철원의 심원사로 옮겨져 명주전明珠殿에 봉안되어 있다. 보개산은 최근 민통선으로 인한 규제가 풀리면서 많은 불사를 일으켜 복원 중이다.

「보개산석대기」에는 중국 루산 경복사의 승려가 했다는 다음 같은 말이 기록되어 있다. "너희 나라에 세 산이 있는데, 그 세 산에 살고 참배하는 사람은 영원히 축생·아귀·지옥의 삼악도에 떨어지지 않는다. 그 세 산이란 보개산과 금강산 그리고 오대산이다." 이는 3대 성산이 고려 중기 이전부터 하나의 기도 영험처이자 순례 코스로 묶여 있었다는 것을 의미한다. 이런 점에서 세 성산을 참배하는 것은 보살님의 가피를 입는 최고의 지름길이라고 하겠다.

선운사와 천관보살의 지제산

3대 성산은 모두 군사분계선과 인접한 지역에 있어 한국전쟁 과정에서 심각한 파괴를 겪었다. 이 중 지장 보살을 모셨던 보개산은 민통선 안에 위치하고 있어 종전 후 복원마저 불가능했다. 다행히 최근에 규제가 완화되어 현재 원심원사가 복원 중에 있지만, 주위 에 이렇다 할 다른 사찰은 없다. 이는 오대산에 월정사와 상원사 그리고 중대 사자암 등 다수 의 대형 사찰들이 복원된 것을 생각해보면 초 라하기 짝이 없다.

선운사의 지장보궁에 모셔져 있는 금 동지장보살좌상. 일본에 다녀온 보살 님으로 유명하다.

이런 점에서 지장보살과 관련해서 성산까지 는 아니라도 고창의 도솔산을 주목할 필요가 있다. 왜냐하면 도솔산은 제24교구본사인 선운사와, 세 분의 지장보살인 삼지장 보살三地藏菩薩을 모신 삼지장 기도 도량으로 유명하기 때문이다.

도솔산의 도솔천 내원궁 즉 도솔암에는 현존하는 지장보살상 가운 데 최고의 수작으로 꼽히는 보물 제280호 〈도솔암 금동지장보살좌상〉이 모셔져 있다. 이 상을 천장天藏 지장보살이라고 한다.

또 선운사 지장보궁地藏寶宮에는 보물 제279호로 지정된 〈선운사 도 솔암 금동지장보살좌상〉이 모셔져 있다. 이 상을 지지地持 지장보살이라

선운사 참당암 대웅전 내부

고 한다. 특히 이 불상에는 영험한 일화가 있어 주목된다. 이 상은 일제강점기인 1936년 도난당해 일본으로 반출되었다. 하지만 이를 매입한 소장자의 꿈에 지장보살이 나타나 "나는 전라도 고창 도솔산에 있었으니, 하루빨리 돌려보내 달라"고 하였다. 같은 꿈이 계속 반복되자, 결국 견디지 못하고 소장자는 헐값에 매각하게 된다. 새로운 소장자 역시 같은 꿈을 꾸면서 마침내 우환이 발생한다. 결국 이 좌상은 소장자의 주선으로 반출된 지 2년 만인 1938년 선운사로 돌아오게 된다. 그래서 이 보살상을 속칭 "집으로 돌아온 지장보살"이라고 한다.

끝으로 선운사의 암자인 참당암懺堂庵에는 전북유형문화재 제33호인 〈참당암 석조지장보살좌상〉이 봉안되어 있다. 이 상을 인장人藏 지장보살이라고 한다. 즉 도솔산의 세 분 지장보살을 천지인 삼재에 맞춰 삼장 지장보살이라고 부르고 있는 것이다. 산 하나에 세 분의 유서 깊은 지장보살을 모신 곳은 도솔산이 유일하다. 이런 점에서 우리는 보개산의 슬픔을 도솔산에서 일정 부분 달래볼 수 있게 된다.

그 밖에 성산과 관련해 마지막으로 언급할 곳은 장흥의 천관산天冠山이다. 천관산은 천관보살의 성산인데 본래 이 산의 명칭은 지제산支提山이었다. 『화엄경』「(제)보살주처품」에 의하면, 인도 동남쪽에 지제산이 있으며 이곳에 천관보살이 1000명의 보살들과 함께 머물며 설법한다고 되어 있다.

천관산의 중심 사찰은 천관사인데, 이와 관련해서는 『동문선』에 수록된 고려 정명국사 천인天因(1205~1248)의 「천관산기天冠山記」와 『천관사사적기』를 통해서 대략적인 면모를 파악할 수 있다. 여기에는 김우징과 화엄종의 홍진洪震대사에 대한 이야기가 등장한다. 김우징은 장보고에게 5000 군사를 지원 받아 경주를 함락하고, 839년 제45대 신무왕이 되는 인물이다. 이렇게 놓고 본다면, 천관보살의 천관사는 새로운 이상을 추구한 장보고와 관련된 신불교운동의 메카였다고 하겠다.

천관보살의 '천관'은 단순히 보살의 이름뿐만 아니라 '대관大冠' 즉 새로운 왕을 의미한다는 판단도 가능하다. 최소한 천관사는 신무왕이라는 한 명의 왕을 배출한 왕기가 서린 사찰이라는 점만은 분명하다. 그러므로 천관에 얽힌 여망의 일정 부분은 이미 영험을 나타낸 것이다. 나머지는 순례를 통해 기도하는 기도자의 몫이 될 것이다.

3대 관음도량

의상대사와 낙산사

한국불교의 본격적인 관음신앙은 의상대사와 함께 시작된다. 의상대사는 한국 화엄종의 시조이면서 동시에 극락정토신앙을 신봉한 분이다. 때문에 영주 부석사는 의상이 직접 창건한 화엄사찰이지만, 중심 전각은 무량수전으로 그 안에는 서쪽 방향으로 모셔진 아미타불이 좌우보처도 없이 혼자 앉아 계신다. 부석사의 〈부석사원융국사비浮石寺圓融國師碑〉에는 좌우보처를 두지 않는 이유에 대해 적혀 있다. "아미타불은 영원히 열반에 들지 않으므로 좌우보처가 필요 없으며, 같은 이유로 무량수전 앞에는 열반을 상징하는 탑을 건립하지도 않는다"고 되어 있는 것이다. 이와 같은 전통은 의상계가 창건에 관여한 불국사 극락전 영역에서도 다시 한 번 확인된다.

부석사 무량수전

의상대사는 관세음보살에 대해서도 높은 신앙적인 관심을 보인다. 이는 의상대사가 관세음보살의 도량인 보타락가산에 가서 나기 위해 직접 찬술한 「백화도량발원문百花道場發願文」을 통해 확인된다. 「백화도량발원문」에

는 "천수천안 대자대비 관세음보살"이라는 표현
과 "모든 중생들에게 대비주大悲呪를 외우도록
하겠다"는 서원이 있다. 이 때문에 여기에서
의 대비주를 '신묘장구대다라니' 즉 '천수천
안관자재보살광대원만무애대비심대다라니'
와 연결시켜, 한국불교에만 특이하게 『천수
경』이 유행하는 풍조를 의상과 연결지어 이해하
기도 한다.

낙산사 홍련암

　　또 의상대사는 오늘날 동해 낙산사 홍련암에서 관세음보살을 친견
하는데, 이 내용은 『삼국유사』 「의상전교義湘傳敎」에 수록되어 있다. 이때
관세음보살이 산 위에 두 그루 대나무가 솟아올라 있는 곳에 사찰을 창건
토록 지시했는데, 이 자리가 바로 오늘날 낙산사 원통보전 자리다. 이 원통보
전에는 보물 제1362호로 지정된 〈낙산사 건칠관음보살좌상〉이
모셔져 있다.

　　낙산사와 관련해서는 의상이 관세음보살을 친견했다는
말을 들은 원효가 자신도 친견하려고 하다 실패한 이야기도
전해진다. 그런데 이때 원효는 파랑새인 관음조觀音鳥를
만나 경책을 받는다. 관음조는 〈수월관음도〉에 빠짐없
이 등장하는 관세음보살의 전령이다. 그런데 오늘날까
지도 낙산사에서 파랑새를 보았다는 목격담과 사진이
끊이지 않고 있어, 과거의 전설을 증명하는 듯하다.

낙산사 건칠관음보살좌상

보문사와 보리암

관세음보살이 머무는 곳은 바다에 둘러싸인 보타락가산이다. 그런데 여러 경전들을 자세히 보면, 이 보타락가산이 낙산사가 위치한 지형처럼 전면은 바다고 후면은 산으로 되어 있는 것이 있는가 하면, 독도처럼 섬 속의 산지 같은 지형으로 설명된 곳도 있다. 후자에 해당하는 곳이 3대 관음도량 중 한 곳인 서해 석모도의 보문사普門寺다.

보문사는 금강산에서 수행하던 회정懷正대사가 관세음보살을 친견한 뒤 강화도로 내려와 창건했다. 이때 산 이름을 '낙가산'이라 하고, 관세음보살이 다양한 모습으로 중생들의 뜻에 응한다는 의미의 '보문普門'이라는 단어를 빌려와 절 이름은 보문사라 하였다. 즉 처음부터 관음도량으로 조성된 사찰인 셈이다.

이후 어부가 바다에서 18나한을 건져 올려 모셨다는 석굴식 나한당이 건립된다. 이는 관음신앙이 뒤에 나한신앙과 결합된 형태를 보여주는 예로, 이 나한당은 매우 영험한 곳으로 알려져 있다. 또 1928년 눈썹바위에 조성된 높이 9.2미터의 마애관음보살상은 비록 최근에 조성된 것이기는 하지만, 이곳이 관세음보살의 성지임을 유감없이 보여준다.

보리암 전 삼층석탑

3대 관음도량의 마지막은 남해 금산 관음봉에 위치한 보리암菩提庵이다. 보리암 역시 보문사처럼 섬 속에 위치한 사찰이다.

보리암은 원효대사가 창건하였다고 알려져 있으며, 바다를 통해서 불교가 전파되었다는 해상전래설의 이야기도 함께 간직한 곳이다. 그래서인지 경상남도 유형문화재 제74호로 지정된 〈보리암 전 삼층석탑〉은 자성을 띠고 있어 나침반을 무력화시킨다고 한다.

금오산 향일암

동해와 남해 그리고 서해에 포진한 3대 관음도량은 마치 반도인 우리나라를 관세음보살이 품에 안고서 중생들의 아픔을 달래주는 것 같다. 또 해상의 안전을 담당하는 존재로 여겨진 관세음보살은, 위험이 도사리는 바다로 나아가야만 했던 바닷사람들에게 더없는 기원의 대상이 되었음에 분명하다.

관음성지와 관련해서는 향일암向日庵을 추가해 4대 관음성지라는 말하기도 한다. 여수 금오산에 위치한 향일암은 원효대사가 관세음보살을 친견했다고 전하는 곳에 건립된 관음전이 존재한다. 또 거북이가 바다로 나아가는 듯한 형세와 곳곳에 주상절리가 마모되면서 드러나는 거북바위, 그리고 역시 주상절리의 작품인 경전바위 등이 있어 매우 이채롭다.

33관음성지

지난 2008년 한국불교문화사업단과 한국관광공사는 한국전통사찰의 순례 활성화를 목적으로 33관음성지를 지정했다. 일본 시코쿠四國에는 밀교승려인 홍법대사 구카이空海(774~835)가 거쳐 간 88사찰을 순례하는 순례길이 있는데, 이에 해당하는 한국판이라고 이해하면 되겠다. 각 관음성지를 참배하면 스템프를 찍어주어 순례 문화에 도움이 된다.

서른세 곳을 선정한 것은 관세음보살이 서른세 가지 변화된 모습으로 중생을 구원한다는 『관음경』에 입각한 설정이다. 하지만 33사찰을 살펴보면, 관세음보살을 모신 관음전조차 없는 경우도 다수 존재한다. 그래서 차라리 '33고찰순례'나 '33불교문화순례' 같은 명칭을 사용했으면 하는 아쉬움이 남곤 한다.

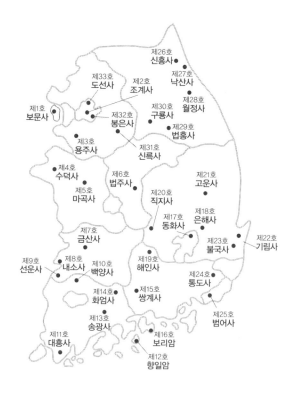

삼보사찰

종교학에서는 종교의 3대 요소로 ① 교조인 창시자와 ② 교리인 창시자의 가르침, 그리고 이를 따르는 ③ 성직자 무리 교단을 꼽는다. 그런데 이런 3대 요소는 불교의 불법승 삼보와 정확히 일치한다.

이런 삼보를 사찰이라는 건축 공간으로 묶어보려는 노력이 조선 후기에 일어난다. 주지하다시피 팔만대장경 즉 고려재조대장경은 본래 해인사에 있던 경판이 아니다. 팔만대장경은 강화도 선원사에 보관되었다가 1398년 해인사로 옮겨졌다. 이를 통해 해인사가 법보사찰로서의 위상을 확립하는 것이 조선 초 이후라는 것을 알 수 있다. 즉 통도사와 해인사 그리고 송광사가 삼보사찰로 묶인 것은 조선시대 이전으로 절대 소급할 수 없다는 말이다.

실제로 삼보사찰의 구조가 나타난 최초 문헌은, 조선 후기의 문인 연천 홍석주洪奭周(1774~1842)가 1832년에 순천 송광사를 답사하면서 찬술한 『연천옹유산기淵泉翁遊山錄』다. 이의 해당 내용을 살펴보면 다음과 같다.

불교에서 말하기를 우리나라 사찰에는 삼보가 있다. 통도사는 부처님 정골사리가 모셔져 있으므로 불보라 하고, 해인사는 대장경[龍藏]

이 모셔져 있으므로 법보라 한다. 그리고 이곳 송광사가 승보인데, 보조국사 이래로 16국사가 출현했기 때문이다.

19세기 문헌이 최초란 것은 삼보사찰의 기원이 제아무리 소급해도 조선 중기를 넘지 않는다는 뜻이다. 오늘날에는 '삼보사찰'이라고 하면 한국불교 안에서 당연한 듯 받아들여지지만, 그 전통이 그렇게까지 오래된 것은 아닌 셈이다.

운이 좋았던 통도사와 해인사

통도사에 들어가는 일주문에는 해강 김규진金奎鎭(1868~1933)이 쓴 "불지종가佛之宗家 국지대찰國之大刹"이라는 주련이 붙어 있다. 해석하면 "불교의 종가집이며, 나라를 대표하는 큰 절"이라는 의미다. 하지만 김규진 시대에는 그랬는지 모르지만, 통도사가 창건될 당시의 상황은 반드시 그렇지만은 않았다.

자장율사는 646년 신라의 승단 정비를 목적으로 통도사를 창건했다. 이때 중국 오대산 문수보살에게 받은 정골사리와 석가모니불의 가사가 모셔졌다. 그리고 이후 자장율사 당신의 가사도 추가한 것으로 보인다. 오늘날 통도사의 창건기념일로 개산대제가 봉행되는 음력 9월 9일 중양절重陽節에는 부처님의 가사와 자장율사의 가사가 일반에 공개된다.

이렇게만 놓고 본다면, 통도사가 매우 중요한 사찰이었다고 생각

할 수 있다. 하지만 자장율사 당시 신라의 수도
는 경주였으며, 이곳에는 국찰인 황룡사가 있
었다. 자장율사는 황룡사의 2대 주지로, 황룡
사는 스님이 애착을 가장 많이 기울인 사찰이
기도 했다. 실제로 자장율사는 〈황룡사구층목
탑〉에 당신이 모셔온 사리를 가장 많이 봉안

경주 황룡사지 삼존불상 지대석

했다. 이와 같은 자장율사의 노력 때문인지, 신라 말
기로 가면 자장율사 계파가 황룡사를 완전히 장악하
는 모습을 보인다. 이외에도 경주에는 자장율사의 속가 집을 사찰로 바꾼
원녕사元寧寺가 있었다.

경주 앞바다는 수심이 깊어 배의 접안이 어려웠다. 그래서 뻘이 있
던 남쪽의 울산 즉 당시의 하곡현河曲縣 사포絲浦를 주된 출입로로 이용했
다. 요즘으로 치면 서울과 인천의 관계쯤이라고 이해하면 되겠다. 때문에
경주로 들어가는 모든 문물은 먼저 울산으로 들어왔다.

이 울산에 자장율사가 창건한 태화사太和寺란 사찰이 있었다. 태화
사는 중국 우타이산 태화지에서 자장율사가 만난 태화지 용을 위해서 창건
한 사찰이라고 하는데, 실제로는 자장율사의 원찰이라고 할 수 있다. 이 사
찰이 얼마나 거대했으면 태화사가 사라진 오늘날까지도 울산에는 태화강,
태화동, 태화나루 같은 지명 등이 남아 있다. 태화사는 요즘으로 치면 영빈
관을 겸하고 있던 국제적인 외교 사찰이었다. 이곳 탑에 자장율사가 당신
이 모시고 온 사리를 봉안한 것은 지극히 당연하다.

이외에 자장율사는 경주를 중심으로 수도권인 양산에 통도사를, 언양에는 압유사鴨遊寺를 창건했다. 하지만 압유사에 사리를 봉안했다는 기록은 없다. 이런 점에서 본다면, 통도사는 자장율사에게 있어서 황룡사 ➡ 태화사에 이은 넘버쓰리 사찰이었다고 하겠다. 그런데 몽골의 침략으로 황룡사는 소실되고, 태화사는 조선 후기에 폐사되면서 통도사가 명실상부 최고의 사찰로 올라서게 된다.

통도사는 자장율사가 승단의 안정과 정비를 위해서, 처음부터 계율을 주는 수계(계단)사찰로 창건하였다. 이는 사찰의 명칭인 통도通道가 수계 득도라는 의미인 데서도 알 수 있다. 이와 같은 필요성 때문에 계율을 받는 계단을 건립하고, 그 위 한복판에 부처님의 정골사리를 모신 것이다. 이는 부처님 사리 앞에서 계율을 받게 하여 계율의 권위를 확립하기 위한 조처라고 하겠다.

통도사에는 금강계단이 가장 중요한 위치를 차지한다. 또 금강계단의 석종형 부도 안에는 부처님의 정골사리 즉 두개골이 봉안되어 있는데, 이를 열어본 최후 기록은 1705년으로 이 내용은 이중환李重煥(1690~1756)의 『택리지擇里志』 「복거총론卜居總論」에 수록되어 있다. 이에 따르면 승려 성능聖能이 금강계단을 중수하려고 연 것으로 되어 있는데, 관련 기록은 다음과 같다.

통도사 금강계단

은함銀函에 비단 보자기로 싸인 두골頭骨이 있는데 크기가 동이盆盎만 하였다. … 또 작은 금합이 있는데 (속에) 담긴 사리 빛의 영롱함이 사람의 시선을 빼앗았다.

통도사는 지난 2018년 6월에 '산사, 한국의 산지 승원'이라는 명칭으로 ① 부석사, ② 봉정사, ③ 마곡사, ④ 법주사, ⑤ 대흥사, ⑥ 선암사와 함께 유네스코 세계문화유산으로 등재되어, 보존 가치가 매우 높은 전통사찰임을 분명히 해주고 있다.

삼보사찰 중 두 번째는 유네스코 세계문화유산이자 기록유산이기도 한 자랑스러운 2관왕에 빛나는 불교문화재, 팔만대장경을 모신 해인사다. 해인사는 본래 화엄종의 사찰로 법보사찰이라는 위상과는 큰 관련이 없다. 이는 해인사의 명칭인 해인海印이, 『화엄경』의 「보왕여래성기품寶王如來性起品」에 등장하는 해인삼매海印三昧에서 연유한 것이라는 점을 통해서 알 수 있다.

합천 해인사 대장경판

화엄종은 신라를 지배한 가장 거대한 지배이데올로기였다. 그렇다보니 통일신라 말이 되면 차츰 분열하는 모습을 보이는데, 왕건의 지지를 받은 가야산 해인사의 북악파와 견훤의 후원이 확고했던 지리산 화엄사의 남악파가 그것이다. 북악과 남악이란 가야산과 지리산의 위치에 따른 구분인데, 해인사에는 희랑希朗대사가 있었고 화엄사에는 관혜觀惠대사가 있었다. 이런 화엄종의 분화는 신라의 몰락과 후삼국에 따른 분열 과정에서, 불교 역시 나뉘는 양상으로 이해할 수 있다. 그렇기 때문에 왕건의 통일 이후 균여均如(923~973)에 의해서 화엄종은 다시금 하나로 합쳐지게 된다.

화엄종의 주요 사찰인 해인사는 앞서 언급한 것처럼, 1398년 팔만대 장경의 이운과 봉안으로 점차 법보사찰이라는 인식을 확보하게 된다. 이는 팔만대장경을 봉안한 장경판전인 수다라장脩多羅藏과 그 안의 핵심 전각인 법보전法寶殿이, 사찰의 주요 전각인 대적광전보다도 뒤쪽에 위치하는 것을 통해서도 인지해볼 수 있다. 이렇게 해인사는 화엄종을 대표하는 사찰 중 한 곳인 동시에 법보사찰이라는 두 가지 큰 위상을 확보하고 있는 것이다.

동방제일도량 송광사

순천 조계산에 위치한 송광사는 지리적으로 볼 때, 경주가 수도였던 신라나 개성이 수도였던 고려시대에 전혀 주목받을 수 없었다. 이런 점에서 송광사는 철저하게 스님들의 수행 노력이 빚어낸 사찰이라고 하겠는데, 그 시원과 정점에 고려 선불교의 영웅 보조국사 지눌知訥(1158~1210)이 있다.

송광사 일원

고려 중기에 이르러 한국불교는 삼국시대부터 이어온 오랜 타성에 젖어 다양한 문제들이 드러나기 시작한다. 이때 구산선문 중 사굴산문闍崛山門 출신인 지눌이 선불교에 입각한 종교개혁을 시도하였고, 이것이 바로 정혜결사定慧結社 운동이다. 지눌은 은해사 거조암에서 정혜결사를 시작했다가 더 한적한 곳을 찾아 송광사의 전신인 길상사로 옮기게 된다. 이후 사찰 이름을 "참선을 하는 곳"이란 뜻의 수선사로 바꾸고, 정혜결사를 통해서 사찰을 일신한다.

지눌의 뒤를 이은 수선사의 2대 진각혜심眞覺慧諶(1178~1234)은 무신정권기 불교계의 변화를 요구한 최우崔瑀(崔怡)의 후원 아래, 사찰을 대대적으로 확장하고 송광사를 중심으로 조계종을 고려불교의 주류로 끌어올린다. 이후 수선사에서 대대로 국사가 나오면서 고려 말이 되면 '동방제일도량'이라는 최고 사찰의 위상을 갖추게 된다. 이는 고려 말 선불교의 주류인 사굴산문의 고승 나옹懶翁(1320~1376)선사가 1371년 왕사가 된 뒤 공민왕에게 동방제일도량 송광사 주지를 임명 받는 것을 통해 알 수 있다. 또 『송광사지』에는 나옹의 제자이자 이성계의 왕사였던 무학無學대사도 송광사의 주지를 했다고 되어 있는데, 이 기록은 전후 관계를 고려해봤을 때 타당성이 떨어진다.

오늘날 송광사에서는 송광사가 배출한 열다섯 명의 국사와 국사급에 준한다고 판단하는 분까지 총 열여섯 분을 국사전國師殿에 모시고 있다. 이를 흔히 '16국사'라고 하는데, 이분들을 차례로 나열하면 다음과 같다.

❶ 보조지눌普照知訥　　❷ 진각혜심眞覺慧諶　　❸ 청진몽여淸眞夢如

❹ 진명혼원眞明混元　　❺ 원오천영圓悟天英　　❻ 원감충지圓鑑沖止

❼ 자정일인慈靜一印　　❽ 자각정열慈覺晶悅　　❾ 자오담당慈悟湛堂

❿ 혜감만항慧鑑萬恒　　⓫ 자원경린慈圓景麟　　⓬ 혜각경총慧覺景聰

⑬ 각진복구覺眞復丘   ⑭ 정혜복암淨慧復庵   ⑮ 홍진선현弘眞禪顯

⑯ 고봉법장高峰法藏

이런 점에서 본다면, 송광사야말로 한국선불교의 수행 전통이 빚어
낸 승보사찰이라는 명칭에 어울리는 최고의 사찰이다.

전불시대 사찰과 최고의 명당 사찰

경주의 칠처가람

경주불교는 992년의 신라 역사 안에서 약 500여 년의 불교 시대를 대변한다. 신라의 불교 수용은 이차돈의 순교와 법흥왕의 불교 공인에서 볼 수 있듯, 충돌적인 모습을 보인다. 신라 전통의 무교(풍교風敎)적인 측면과 불교의 갈등 관계 속에서 확인되는 것이, 바로 전불시대前佛時代 가람지伽藍址 즉 석가모니불 이전의 가섭불 시대에 경주에 있었다는 사찰 유적에 관한 측면이다. 이를 흔히 경주 안의 전불시대 칠처가람지七處伽藍址라고 한다. 요약하면 경주에는 가섭불 시대에 존재하던 일곱 곳의 사찰터가 있으며, 이를 다시금 사찰로 회복해야 한다는 주장이다.

전불시대 칠처가람지는 신라인이 생각한 경주 안의 최고 영지靈地다. 이런 점에서 이곳을 순례하면서 염원하는 것은 기도 성취와 관련해서 중요한 의미가 된다. 전불시대 칠처가람지는 『삼국유사』 「아도기라阿道基羅」에 수록되어 있다. ① 천경림天鏡林의 흥륜사興輪寺, ② 삼천三川이 갈라지는 곳에 위치한 영흥사永興寺, ③ 용궁龍宮의 남쪽 황룡사皇龍寺, ④ 용궁의 북쪽 분황사芬皇寺, ⑤ 사천沙川의 끝자락에 위치한 영묘사靈妙寺, ⑥ 신유림神遊林의 사천왕사四天王寺, ⑦ 서청전婿請田의 담엄사曇嚴寺이다.

경주 분황사 모전석탑

오늘날 흥륜사는 경주공고 자리로 추정되며, 영흥사는 문천蚊川과 모량천牟梁川 그리고 인천麟川이 갈라지는 곳에 위치했다고 하지만 지금은 어느 곳인지 알 수 없다. 황룡사는 현재 우리가 알고 있는 황룡사지이며, 분황사 역시 오늘날의 분황사이다. 영묘사는 현재 흥륜사가 위치한 곳이며, 사천왕사는 선덕여왕릉 아래쪽에 현재 발굴이 완료된 사천왕사지다. 담엄사는 오릉五陵 안쪽의 박혁거세 사당인 숭덕전崇德殿 쪽에 위치하는데, 현재 당간지주가 쓰러진 채 남아 있다.

이렇게 놓고 본다면, 오늘날 사찰이 전해지는 곳은 분황사뿐이며 영흥사는 소재 파악조차 어려운 상황이다. 이외에 다른 곳들은 폐사지 등 다소 복잡한 상황이기는 하지만 모두 순례가 가능하다. 그러므로 이곳들을 순례해서 영지의 기운을 받아보는 것도 좋겠다. 참고로 황룡사와 분황사의 기록에서 확인되는 '용궁'은 발굴 결과 분황사의 당간지주가 위치한 남서쪽쯤으로 추정된다. 그리고 칠처가람지 중에서도 최고의 장소 즉 베스트 오브 베스트는 단연 황룡사지의 본존불을 모셨던 자리다.

영축사와 회암사

전불시대 칠처가람지는 정확히 말하면, 경주 안에 위치한 칠처가람지를 의미한다. 『삼국유사』에는 이외에도 전불시대 가람지로 울산의 영축사지가 언급되어 있다.

회암사지 무학대사 부도

울산 율리에 위치한 영축사지는 오늘날 영축산과 문수산 자락에 위치하고 있다. 영축사靈鷲寺는 쌍탑을 갖춘 사찰이었는데, 최근 울산박물관팀이 발굴 조사해 사찰의 대략적인 구조와 위상이 드러난 바 있다.

마지막으로 『삼국유사』에 나오는 곳은 아니지만 조선 초기 문신인 괴애乖崖 김수온金守溫(1410~1481)의 「회암사중창기檜巖寺重創記」에 따르면, 인도 승려 지공선현指空禪賢(제납박다提納薄陀, 1300~1361)이 회암사를 전불시대 가람지라고 했다는 내용이 있다. 현재 양주군에 위치하는 회암사는 여말선초를 대표하는 최대 사찰이자, 나옹과 무학 그리고 상왕이 된 이성계가 주석했던 사찰로 유명하다. 현재는 모든 발굴이 완료되어 일반에 개방되고 있으며, 주변에 회암사지박물관이 위치하고 있어 회암사의 위상과 역사적인 내용을 쉽게 알 수 있도록 해주고 있다.

313

최고의 명당 사찰인 월정사

『삼국유사』에는 전불시대 가람지로 경주의 7곳과 울산의 1곳 이렇게 총 8곳이 언급되어 있다. 그런데 이런 종교적인 신성한 영지 이외에도 터 자체가 좋다는 명당사찰에 대한 언급이 한 곳 더 있다. 이는 「대산월정사오류성중臺山月精寺五類聖衆」에서 확인되는데, 그 사찰은 바로 오대산 월정사이다.

월정사 팔각구층석탑

즉 『삼국유사』를 통틀어 터가 가장 좋은 명당사찰은 월정사인 셈이다.

실제로 오대산과 관련해서는 박문수가 최고의 명당으로 꼽았다는 중대 적멸보궁 자리도 있다. 또 『택리지』「복거총론卜居總論」에는 신선이 된 상당上黨 한무외韓無畏(1517~1610)가 오대산을 최고의 복지福地로 꼽았다는 기록도 존재한다. 그리고 조선 중기에는 사명당이 『조선왕조실록』과 『조선왕실의궤』를 보관할 최상의 길지로 영감암靈感庵 자리를 선택한다. 이곳이 현재 사적 제37호로 지정되어 있는 오대산사고지이다. 즉 오대산과 관련해서는 월정사 이외에도 다양한 명당들에 관한 기록이 존재한다.

사찰의 1년 기도

1년 기도

정초 기도

정초 기도는 음력으로 정초에 한 해의 평안과 길함을 위해서 올리는 기도다. 우리 문화에서는 전통적으로 "1년의 모든 액난은 연초에 도액度厄하고, 한 달의 액난은 월초에 도액한다"라는 말이 있다. 요즘으로 치면 1년과 첫 달의 첫 단추를 바로 꿴다는 의미 정도라고 하겠다.

사찰에 따라서 1월 3일부터 정초 기도를 시작하는 곳도 있고, 1월 5일에 입재하는 곳도 있다. 기간은 대략 7일 정도로, 상황에 따라서는 정월 대보름인 15일까지 하기도 한다. 전통적으로 설날부터 정월대보름까지는 모든 삿된 기운을 물리치는 벽사辟邪의 기간이다. 이런 벽사 행위들은 대보름에 대단원의 막을 내린다. 이런 점에서 정초 기도 역시 정월대보름을 넘어서까지 행하지는 않는다.

정초 방생 기도

정초 기도 입재에서 정월대보름 사이에는 정초 방생을 하게 된다. 방생이란 죽어가는 생명을 살려주는 것인 동시에 내면의 자비심을 기르는 행위다. 즉 연초에 자비롭고 덕스러운 마음을 도야해서 1년이 후덕하고 평안하기를 기원하는 것이다. 정초 기도를 1주일간 하는 사찰에서는 정초 기도를 마치고 대보름 안에 가는 것이 보통이며, 대보름까지 하는 사찰에서는 기도 기간 중 하루를 택해 방생 기도를 진행한다.

또 방생은 단순히 방생으로만 끝나지 않고, 유서 깊은 사찰의 순례를 겸한다. 이는 정초에 선행과 더불어 명찰의 기운을 받아 복을 심는다는 의미다. 즉 1년의 무탈과 안녕을 기원하는 의미라고 하겠다.

하지만 요즘은 정월대보름이 춥다고 해서, 정월이 아닌 봄에 따로 날을 잡아서 방생을 가는 모습도 보인다. 즉 봄 방생으로 대체되는 셈이다. 그렇지만 이렇게 되면 대보름 안에 복을 심어 1년의 액난을 도액한다는 의미는 퇴색하게 된다.

입춘 기도와 삼재 기도

입춘은 양력을 기준으로 하는 24절기 중 첫 번째로 언제나 2월 4일에 든다. 입춘이 양력이다 보니 음력설과 견주어 앞에 오기도 하고 뒤가 되기도 한다. 일반적으로는 설과 대보름 사이에 입춘이 드는 것이 보통이지만, 그 전해에 윤달이 들었거나 하면 설 이전이 되는 경우도 발생하곤 한다.

봄의 시작인 입춘은 농사 문화에서 중요한 기준이 된다. 그런데 흥미로운 것은 입춘이 24절기의 시작이라는 점에서, 과거 12지 즉 띠가 입춘을 기준으로 바뀐다는 점이다. 즉 한 해의 시작은 음력설인데, 띠의 시작 즉 간지의 변화는 입춘이라는 말이다. 과거에는 각 지역이나 왕조에 따라서 한 해의 기준을 잡는 기준이 달랐다. 때문에 이와 같은 다양한 기준들이 후일 한데 뒤섞이면서 이런 다중적인 측면이 생겨나는 것이다.

입춘이 간지의 시작이기 때문에 간지와 관련한 풍속은 입춘에 진행 된다. 불교에는 삼재라고 해서 12지의 12년 중 3년을 운세가 약한 때로 상 정한다. 즉 12년을 3년씩 4등분하여 성주괴공 즉 춘하추동 같은 의미로 이 해하고, 이중 겨울에 해당하는 때를 삼재로 비정하는 것이다. 삼재는 면역 력이 약해지는 때라고 이해하면 되겠다. 그렇기 때문에 사찰에서는 삼재풀 이 기도를 한다. 즉 삼재의 문제점을 보완하는 의식인 셈이다. 이 삼재 기도 를 올리는 때가 바로 입춘이다. 사찰에 따라서는 삼재 기도를 벽사 의식의 피날레를 장식하는 정월대보름에 올리기도 한다.

정초 백일 기도와 1년 기도

사찰에서는 정초 기도가 끝나면 백일 기도나 1년 기도에 들어간다. 이는 불 보살의 가피를 통해서 정초의 좋은 기운을 이어, 1년의 전반기가 무탈하게 지나고 성공으로 연결되기를 바라는 의미다.

출가 · 열반재일 대정진 기도

음력 2월 8일은 부처님께서 출가하신 출가재일이며, 2월 15일은 돌아가신 열반재일이다. 이 8일간을 기해서 부처님의 수행과 지혜를 닮기 위한 특별 주간이 정해진다. 이때 대정진 기도가 봉행되는데, 그 연원은 당나라 이전으로까지 소급된다. 과거에는 이 기간에 탑돌이가 행해졌으며, 무애다반無礙茶飯이라고 하여 사회적인 약자와 음식을 두루 나누는 행사가 진행되기도 하였다.

부처님오신날 기도

음력 4월 8일은 부처님오신날이다. 이때를 기해서 부처님이 우리에게 오셔서 펼쳐 보이신 다양한 가르침과 자비의 덕을 생각하는 것이 부처님오신날 기도다. 사찰에서는 부처님오신날 전에 장엄등을 들고서 거리를 행진하는 연등회를 베풀며, 이는 부처님오신날 저녁에 최고조에 이른다.

하안거 백일 기도

인도는 무더운 아열대 기후다. 이 때문에 음력 4월 보름부터 7월 보름까지는 우기雨期가 된다. 이 우기 때 스님들이 한 장소에 머물며 집중 수행을 하는 것을 안거라고 한다. 이 안거를 우기 때의 안거라고 해서 우안거雨安居라고 하며, 또 여름철의 안거라는 뜻에서 하안거夏安居라고도 한다. 하안거는 오늘날까지도 선원에서 스님들이 행하는 집중 수행 기간이기도 하다. 이때를 기해서 스님들의 수행 정신을 본받으며, 세속에서도 올바름을 북돋아 살아가고자 하는 것이 바로 하안거 백일 기도다. 안거는 보통 3개월의 90일 즉 구순九旬안거다. 하지만 우리 전통에서는 90일 기도는 하지 않기 때문에 10일을 앞당겨 백일 기도를 만들어 봉행한다.

칠석 기도

칠석 하면 보통 견우직녀가 만나는 날로만 알고 있다. 하지만 이날은 칠성
과 관련된 기도일이기도 하다. 칠성은 북두칠성으로 동아시아에서는 죽음
을 관장하는 사명신死命神으로 인식했다. 이 때문에 칠석날 칠성 기도를 올
리면서 무병장수를 기원하곤 했다. 또 칠성은 인간 삶의 길흉화복도 관장한
다. 그러므로 칠성 기도를 통해 수명과 길상의 복덕을 쌓을 수 있다.

우란분절 기도

우란분절은 음력 7월 15일을 가리키는 불교식 표현이다. 우리 전통에서는
이때를 백중白中이나 백종百種이라고 했다. 백중은 1년의 중간이라는 의미
며, 백종은 이때 백 가지 음식이 나온다는 뜻이다. 우란분절은 하안거가 끝
나는 날이다. 이날 부처님의 신통제일 제자인 목건련이 지옥에 떨어진 어머
니를 구원했다는 이야기가 있다. 이 때문에 사찰에서는 우란분절에 조상들
의 합동 천도 기도를 봉행한다. 우란분절의 우란분盂蘭盆이란, 도현倒懸 즉
거꾸로 매달려 있다는 의미다. 이는 지옥에 떨어진 영혼의 고통을 상징하는
말이다. 이 고통을 바로잡을 수 있도록 기도를 올리는 것이 바로 우란분절
영가천도 기도이다.

중양절 기도

중양절重陽節은 음력 9월 9일을 가리킨다. 그래서 이를 다른 말로는 구구절이라고도 한다. 9라는 수는 『주역』에서는 음양 중 양(―)을 나타내는 수이다. 참고로 『주역』에서 음(− −)은 6으로 대변된다. 그러므로 9월 9일은 양과 양이 겹치는 날이다. 양이 거듭되었다고 하여 '중양重陽'이라고 하는 것이다. 중양절에는 양기가 치성해서 천도하기 어려운 무주고혼의 천도도 가능하다고 믿어져 왔다. 이러한 전통에 따라 사찰에서도 중양절에 합동천도재를 올린다. 즉 우란분절이 불교적인 천도 명절이라면, 중양절은 동아시아의 전통적인 천도 명절인 셈이다.

가을 방생 기도

농경 사회에서 추수의 계절이자 오곡이 풍성한 가을은 가장 좋은 시절인 동시에 자칫 교만해지기 쉬운 시기다. 또 가을철의 추수 과정에서는 필연적으로 생물을 죽이는 살생이 동반될 수밖에 없다. 이때를 맞아 자비를 실천하고 유서 깊은 명찰을 순례하는 행사가 바로 가을 방생 기도이다. 가을 방생은 딱히 날짜를 정해놓고 하는 것이 아니라, 그해의 날씨나 사중의 행사 등을 고려하여 양력 10월에서 11월 초 사이에 정하는 것이 일반적이다.

동안거 백일 기도

인도에는 하안거만 있다. 하지만 사계절이 있는 동아시아에서는 집중 수행과 관련해서 전통적으로 하안거와 동안거, 두 차례 안거에 들어가곤 한다. 동안거는 음력 10월 15일에 시작해 1월 15일 즉 정월대보름에 마친다. 이때를 기해서 백일 기도를 올리게 되는데, 그 의미와 입재 시기는 하안거 때와 같다.

동지 기도

동지는 입춘과 더불어 양력이기 때문에 매년 12월 22일이나 23일이 되는데, 이때는 음력으로 11월에 해당한다. 또 동지는 태양 즉 낮이 가장 짧은 날인데, 이는 반대로 말하면 이때부터 태양(낮)이 점점 길어진다는 의미이기도 하다. 그러므로 동지를 기리는 종교 전통은 태양 숭배와 관련해서 전 세계적으로 볼 수 있다. 크리스마스도 로마의 동지에서 유래한 것임은 널리 알려진 사실이다.

중국의 고대 왕조이자 공자가 가장 이상적으로 생각했던 주나라는 동지를 설날로 정했다. 이 때문에 아직까지도 세시풍속에서는 동지를 아세亞歲 즉 '작은 설날'이라고 하고, 동지 때 팥죽을 먹으면 한 살 더 먹는다는 말이 전한다. 이런 점에서 동지 기도는 정초 기도와 마찬가지로 신년이나 새로움의 의미를 되새기고 올바르게 하기 위한 기도이다.

성도재일 철야 기도

부처님은 음력 12월 8일 부다가야의 보리수 아래에서, 동쪽을 향해 계명성

啟明星 즉 금성을 보실 즈음인 새벽에 깨달음을 증득하신다. 이 사건을 '위 없는 최고의 도를 이루었다'고 해서 '성도成道'라고 하며, 이를 기리는 불교 명절을 성도재일이라고 한다.

그런데 부처님의 생애를 보면, 이 깨달음 직전에 수자타(선생녀善生女)라고 하는 목장주의 딸이 보시한 유미죽乳味粥 곧 우유죽을 드시고 기력을 회복한 뒤 최후의 명상에 들게 된다. 이로 인해 사찰에서는 음력 12월 7일부터 부처님의 깨달음을 기념하는 철야 기도에 들어간다. 철야 기도는 밤을 새워 기도를 하는 것이니, 자연히 밤이 되면 출출하기 마련이다. 이때 우유죽이나 영양죽을 먹고 이웃에 나눠주는 문화가 불교에 있다. 즉 부처님께서 우유죽을 드시고 깨달음을 얻은 것을 기리는 의미다. 부처님께서 드신 죽을 기념하는 죽을 먹으며 철야 기도를 함으로써, 부처님의 수행 정신을 되새기고 가피를 입고자 하는 것이 바로 성도재일 철야 기도이다.

진언 따라서 쓰기

◉ 사대주

나무 대불정 여래밀인 수증요의 제보살만행 수능엄신주
南無　大佛頂　如來密因　修證了義　諸菩薩萬行　首楞嚴神呪

다냐타 옴 아나례 비사제 비라 바아라 다리 반다

반다니 바아라 바니반 호움 다로옹박 사바하

정본 관자재보살 여의륜주 正本　觀自在菩薩　如意輪呪

나무 못다야 나무 달마야 나무 승가야 나무 아리

야 바로기제 사라야 모지사다야 마하사다야 사가

라 마하 가로니가야 하리다야 만다라 다냐타 가가

나 바라지진다 마니 마하 무다례 루로루로 지따

하리다예 비사예 옴 부다나 부다니 야등

불정심관세음보살모다라니 佛頂心觀世音菩薩姥陀羅尼

나모라 다나다라 야야 나막 아리야 바로기제 새바
라야 모지 사다바야 마하 사다바야 마하 가로니가
야 다냐타 아바다 아바다 바리바제 인혜혜 다냐타
살바다라니 만다라야 인혜혜 바리 마수다 못다야
옴 살바 작수가야 다라니 인지리야 다냐타 바로기
제 새바라야 살바도따 오하야미 사바하

불설소재길상다라니 佛說消災吉祥陀羅尼

나무 사만다 못다남 아바라지 하다사 사나남 다냐
타 옴 카카 카혜 카혜 훔 훔 아바라 아바라 바라아
바라 바라아바라 지따 지따 지리 지리 빠다 빠다
선지가 시리예 사바하

◉ 대불정능엄신주 大佛頂楞嚴神呪

스타타가토스니삼 시타타파트람 아파라지탐 프라
튱기람 다라니

나망 사르바붇다보디사트베뱧 나모삳타남 사먁삼
붇다 코티남 사스라바카삼가남 나모로케아르한
타남 나모스로타판나남 나모스크르타가미남 나모
아나가미남 나모로케사먁가타남 사먁프라티판나
남 나모라트나트라야야 나모바가바테 드르다수라
세나 프라하라나라자야 타타가타야아르하테 사먁
삼붇다야 나모바가바테 아미타바야 타타가타야아
르하테 사먁삼붇다야 나모바가바테 악소바야 타
타가타야아르하테 사먁삼붇다야 나모바가바테 바
이사이쟈구루바이투랴 프라바라자야 타타가타야
아르하테 사먁삼붇다야 나모바가바테 삼푸스피타
사렌드라라자야 타타가타야아르하테 사먁삼붇다

야 나모바가바테 사캬무나예 타타가타야아르하테
사먈삼붇다야 나모바가바테 라트나쿠스마 케투라
자야 타타가타야아르하테 사먈삼붇다야 나모바
가바테 타타가타쿠라야 나모바가바테 파드마쿠라
야 나모바가바테 바즈라쿠라야 나모바가바테 마
니쿠라야 나모바가바테 가르자쿠라야 나모데바르
시남 나모신다비댜다라남 나모신다비댜다라르시
남 사파누그라하 사마르타남 나모브라흐마네 나
모인드라야 나모바가바테 루드라야 우마파티사헤
야야 나모나라야나야 락삼미사헤야야 팜차마하무
드라 나마스크르타야 나모마하카라야 트리푸라나
가라 비드라파나카라야 아디묵토카 스마사나바시
니 마트르가나 나맣스크르타야 에뵤 나맣스크르
트바 이맘 바가바타 스타타가토스니삼 시타타파
트람 나마파라지타 프라튱기람 사르바데바 나마
스크르탐 사르바데베뱧 푸지탐 사르바데베스차

파리파리탐 사르바부타그라하 니그라하카림 파라
비댜체다나카림 두남타남 사트바남 다마캄 두스
타남 니바리님 아카라므르튜 프라사마나카림 사
르바반다 나목사나카림 사르바두스타 두스바프나
니바라님 차투라시티남 그라하사하스라남 비드밤
사나카림 아스타빔사티남 낙사트라남 프라사다나
카림 아스타남 마하그라하남 비드밤사나카림 사
르바사트루니바라님 구람두스바프나남차나 사님
비사사스트라 아그니우다카우트라님 아파라지타
구라 마하찬남 마하디프탐 마하테잠 마하스베탐
즈바라 마하바라 스리야판다라바시님 아랴타라
브르쿠팀 체바잠 바즈라마레티 비스루탐 파드마
크맘 바즈라지흐바차 마라체바타라지타 바즈라단
디 비사라차 산타바이데하푸지타 사이미루파 마
하스베타 아랴타라 마하바라아파라 바즈라상카라
체바 바즈라코마리 쿠란다리 바즈라하스타차 마

하비댜 타타캄차나마리카 쿠숨바라타나체바 바이
로차나 쿠다르토스니사 비즈름바마나차 바즈라카
나카 프라바로차나 바즈라툰디차 스베타차카마락
사 사시프라바 이테테무드라가나 사르베락삼 쿠
르반투 마마샤 옴 리시가나 프라사스타 타타가토
스니사 훔브룸 잠바나 훔브룸 스탐바나 훔브룸 보
하나 훔브룸 마타나 훔브룸 파라비댜 삼밬사나카
라 훔브룸 사르바두스타남 스탐바나카라 훔브룸

329

사르바얄사 락사사그라하남 비드밤사나카라 훔브
룸 차투라시티남 그라하사하스라남 비나사나카라
훔브룸 아스타빔사티남 낙사트라남 프라사다나카
라 훔브룸 아스타남 마하그라하남 비드밤사나카
라 락사락사 맘 바가밤 스타타가토스니사 마하프
라틈기레 마하사하스라부제 사하스라시르사이 코
티사타사하스라 네트레 아벰댜 즈바리타나타나카
마하바즈로다라 트르부바나 만다라 옴 스바스티

르바바투 마마 라자바야 초라바야 아그니바야 우
다카바야 비사바야 사스트라바야 파라차크라바야
두르빅사바야 아사니바야 아카라므르튜바야 다라
니부미캄파바야 우르카파타바야 라자단다바야 나
가바야 비듀바야 수프라니바야 약사그라하 락사
사그라하 프레타그라하 피사차그라하 부타그라하
쿰반다그라하 푸타나그라하 카타푸타나그라하 스
칸다그라하 아파스마라그라하 운마다그라하 차야
그라하 레바티그라하 우자하리냐 가르바하리냐
자타하리냐 지비타하리냐 루디라하리냐 바사하리
냐 맘사하리냐 메다하리냐 마자하리냐 반타하리
냐 아수챠하리냐 치차하리냐 테삼사르베삼 사르
바그라하남 비담친다야미 키라야미 파리브라자
카 크르탐비담 친다야미 키라야미 다카다키니 크
르탐비담 친다야미 키라야미 마하파수파티루드라
크르탐비담 친다야미 키라야미 타트바가루다사헤

야 크르탐비담 친다야미 키라야미 마하카라 마트
르가나 크르탐비담 친다야미 키라야미 카파리카
크르탐비담 친다야미 키라야미 자야카라 마두카
라 사르바르타 사다나 크르탐비담 친다야미 키라
야미 차투르바기니 크르탐비담 친다야미 키라야
미 브름기리티카 난디케스바라 가나파티 사헤야
크르탐비담 친다야미 키라야미 나그나스라마나
크르탐비담 친다야미 키라야미 아르한타 크르탐

비담 친다야미 키라야미 비타라가 크르탐비담 친
다야미 키라야미 바즈라파니 크르탐비담 친다야
미 키라야미 브라흐마크르탐 루드라크르탐 나라
야나 크르탐비담 친다야미 키라야미 바즈라파니
구햐카디파티 크르탐비담 친다야미 키라야미 락
사락사맘 바가밤 시타타파트라 나모스투테 아시
타나라르카 프라바스푸타 비카시타타파트레 즈바
라즈바라 다카다카 비다카비다카 다라다라 비다

라비다라 친다친다 빈다빈다 훔훔 파트 파트 스바
하 헤헤 파트 아모가야 파트 아프라티하타야 파트
바라프라다야 파트 아수라비드라파카야 파트 사
르바데베뱡 파트 사르바나게뱡 파트 사르바약세
뱡 파트 사르바락사세뱡 파트 사르바가루데뱡 파
트 사르바간다르베뱡 파트 사르바아수레뱡 파트
사르바킨다레뱡 파트 사르바마호라게뱡 파트 사
르바부테뱡 파트 사르바피사체뱡 파트 사르바쿰
반데뱡 파트 사르바푸타네뱡 파트 사르바카타푸
타네뱡 파트 사르바두르람기테뱡 파트 사르바두
스프렉시테뱡파트 사르바즈바레뱡 파트 사르바아
파스마레뱡 파트 사르바스라마네뱡 파트 사르바
티르티케뱡 파트 사르바운맘데뱡 파트 사르바비
댜차레뱡 파트 자야카라 마두카라 사르바르타 사
다케뵤비다 차레뱡 파트 차투르바기니뱡 파트 바
즈라코마리 쿠란다리 비댜라제뱡 파트 마하프라

스님, 기도는 어떻게 하는 건가요?

튱기레밯 파트 바즈라상카라야프라튱기 라라자
야 파트 마하카라야 마트르가나 나마스크르타야
파트 인드라야 파트 브라흐미니예 파트 루드라
야 파트 비스나비예 파트 비스네비예 파트 브라흐
미예 파트 아그니예 파트 마하카리예 파트 로드리
예 파트 카라단디예 파트 아인드리예 파트 마트리
예 파트 차문디예 파트 카라라트리예 파트 카파리
예 파트 아디묵토카스마사나 바시니예 파트 예케
칠타 사트바 마마 두스타칠타 파파칠타 로드라칠
타 비드바이사칠타 아마이트라칠타 우트파다얀티
키라얀티 만트라얀티 자판티 조한티 우자하라 가
르바하라 루디라하라 맘사하라 메다하라 마자하
라 바사하라 자타하라 지비타하라 마랴하라 바랴
하라 간다하라 푸스파하라 파라하라 사샤하라 파
파칠타 두스타칠타 데바그라하 나가그라하 약사
그라하 락사사그라하 아수라그라하 가루나그라하

스님, 기도는 어떻게 하는 건가요?

킨다라그라하 마호라가그라하 프레타그라하 피사
차그라하 부타그라하 푸타나그라하 카타푸타나그
라하 쿰반다그라하 스칸다그라하 운마다그라하
차야그라하 아파스마라그라하 다카다키니그라하
레바티그라하 자미카그라하 사쿠니그라하 난디카
그라하 람비카그라하 칸타파니그라하 즈바라 에
카히카 드바이티야카 트레티야카 차투르타카 니
탸즈바라 비사마즈 바라 바티카 파이티카 스레스
미카 산디파티카 사르바즈바라 시로르티 아르다
바베다카 아로차카 악시로감 무카로감 흐르드로
감 카르나수람 단다수람 흐르다야수람 마르마수
람 파라스바수람 프르스타수람 우다라수람 카티
수람 바스티수람 우루수람 잠가수람 하스타수람
파다수람 사르방가프라튱가수람 부타베타다 다카
다키니 즈바라다드루칸듀키티 바로타바이 사르파
로 하링가 소사트라 사가라 비사요가 아그니우다

카 마라베라 칸타라 아카라 프르튜 트라이무카 트라이라타카 브르스치카 사르파나쿠라 심하 뱌그라릭사 타라릭사 차마라지비베테삼 사르베삼 시타타 파트라 마하바즈 로오스니삼 마하프라튱기람 야바드바 다사요자나 뱐타레나 사마반담 카로미 디사반담 카로미 파라비댜반담 카로미 테조반담 카로미 하스타 반담 카로미 파다반담 카로미 사르방가 프라튱가 반담 카로미 타댜타 옴 아나레 아나레 비사다 비사다 반다반다 반다니반다니 바이라 바즈라 파니 파트 훔 브룸 파트 스바하 나모 스타타가타야 수가타야르하테 사막삼분다야 시댬투 반트라파다 스바하

⊙ 츰부다라니

츰부 츰부 츰츰부 아가셔츰부 바결랍츰부 압뷜랍
츰부 비뤄츰부 발절랍츰부 아루가츰부 담뭐츰부
살더뭐츰부 살더일허뭐츰부 비바루가찰붜츰부 우
붜셤뭐츰부 내여나츰부 뷜랄여삼므지랄라츰부찰
라츰부 비실바리여츰부 서살더랄바츰부 비여자수
재 맘하리 담미 섬미 잡결랍시 잡결랍믜스리 치리
시리 결랄붜뷜러발랄지 히리 뷜랄비 뷜랄저러니
헐랄달니 붜러 져져져져 히리 미리 이결타 탑기
탑규류 탈리 탈리 미리 머대 더대 구리 미리 앙규
즈더비 얼러 기리 붜러기리 규차셤믜리 징기 둔기
둔규리 후루 후루 후루 규루술두미리 미리기 미리
대 뷘자더 허러히리 후루 후루루